Christian Bedor

Kussweilig

Traumbriefe, Aphorismen, Gedichte

Bibliografische Information Der Deutschen Bibliothek
Die Deutsche Bibliothek verzeichnet diese Publikation in der
Deutschen Nationalbibliografie; detaillierte bibliografische Daten
sind im Internet über http://dnb.ddb.de abrufbar
ISBN-13: 9783839141434

Satz und Layout Buchblock: Christian Bedor
Foto Rückumschlag: Christian Bedor
www.muell-zeit-lose.de
Herstellung und Verlag:
Books on Demand GmbH, Norderstedt

Frankfurt/M., 25. August 1995

Ich hatte einen unangenehmen Traum. Er begann damit, daß ich mit zwei anderen Männern in einem größeren Wohnraum war. Der eine Mann war der Chef; der andere Mann war eine Art Diener. Und ich ging dem Chef zur Hand. Was genau gemacht wurde, weiß ich nicht. Es war wie gesagt ein größeres Zimmer. Vielleicht 30 oder 40 qm. Und da gab's auch ein Telefon; so'n altes Telefon mit einer sichtbaren Gabel. Es gab auch einen Anrufbeantworter und irgendwie haben wir Sachen oder Objekte oder irgendetwas auf dem Boden hin- und hergerückt. Und irgendetwas arrangiert. Was genau, weiß ich nicht. Was mich mehr mitgenommen hat, ist die Sequenz mit Prof. Drebenbusch.

Und zwar bin ich irgendwie regrediert. Ich war plötzlich wieder HiWi an der Uni. Bzw. bin ich zurückgestuft oder – tja – also ich hab' mich selbst in einen Job begeben, der irgendwie mit einer Abiturklasse zu tun hat. Also vorstellbar: Konstellation an der Uni. Man ist Student und arbeitet mit einem Professor oder einer Professorin zusammen. Verdient dort sein Geld und muß ihr zur Hand gehen, was sie braucht und tut usw. usf.

In diesem Fall ging es um PC. Es war ein Hochhaus. In dem Hochhaus war ein schlauchartiges Klassenzimmer. Auf jedem Tisch standen zwei PC mit Tastatur. Und dort waren auch Schüler in diesem Klassenzimmer. Dann treffe ich diese Professorin Drebenbusch, begrüße sie mit ihrem Namen und sie scheißt mich aufs Demütigste zusammen. Weil ich ihren alten Namen sage, der mir geläufig war. Aber sie hat inzwischen wiedergeheiratet und sie hat vor ihrem Namen Drebenbusch einen anderen Namen, der auch mit D beginnt. Möglicherweise Prof. Dr. Inge Dornholzhausen-Drebenbusch. Oder so ähnlich.

Sie scheißt mich also vor versammelter Mannschaft zusammen und ich bin völlig ohnmächtig. Und kann nur, weil ich so verdattert bin, ihren neuen Namen stammeln. Dabei schaue ich zu Boden und denke: 'Wie kann ich das wissen? Es hat mir niemand gesagt...'

Und sie sagt dann noch, ich solle mir das ein für alle Mal merken, wie sie heißt. Und ich dürfe mir keinen Fehler erlauben – in Zukunft – mit diesem Namen.

Dann weist sie mich zurecht; also sie gibt mir Instruktionen. Eigentlich etwas relativ Leichtes. Und zwar soll ich alle PC-Plätze im Klassenzimmer zählen und ihr die Zahl persönlich überbringen – in ihr Büro oder Institut oder was es ist. Sie sagt, sie müsse jetzt sofort weg, sie habe noch zu tun.

Und ich solle mich beeilen, das zu zählen. Und schon ist sie verschwunden. In dem Klassenraum ist ziemliches Gewusel – die Kinder drängen sich, es ist sehr eng, schlauchartig und sehr hoch. Also in einem hohen Gebäude. Dreißigster Stock oder vierzigster Stock oder irgendwas.

Es gibt außer mir noch zwei HiWis, die auch 'rumdüsen'. Sie kennen mich auch, ich kenne sie auch. Aber wir sprechen irgendwie nicht miteinander. Also auch nicht jetzt über das Zählen der PC-Plätze oder so. Und so fange ich also an zu zählen. Mache die Gegenprobe, zähle die Plätze von hinten nach vorne. Es sind zwei verschiedene Ergebnisse, die rauskommen. Und das irritiert mich total. Und ich fange noch mal zu zählen an; habe aber, weil ich schnell zu Dornholzhausen-Drebenbusch zurückkommen soll, Panik und denke 'Ich bin doch wohl nicht blöd. Ich werde doch viel schneller die richtige Zahl rauskriegen. Ich hab' doch nur diesen einen Auftrag. Und es ist auch ein I-Männchen-Job. Und sie wartet auf mich und weiß ja, daß ich nur diesen Auftrag habe. Und ich pack's nicht, in einer kurzen Zeit, diese einfache Aufgabe zu lösen.'

Mir hilft auch niemand. Ich bekomme nur eine unendliche Panik.

Es kommt dann irgendwie ein Szenenwechsel. Bzw. weiß ich nicht genau, wie der Anschluß ist, es sitzen plötzlich alle Kinder auf ihren Plätzen und ziemlich weit hinten – im Eck – was noch so ein bißchen um die Kurve geht –, also verdeckt auch von der Lehrerin, sitzen mindestens drei Mädchen auf einer Bank. Und ich muß mich neben ein Mädchen setzen, hab' keinen Platz (keinen PC-Platz) für mich allein. Sondern ich sitze neben diesen Mädchen, die vielleicht fünfzehn, sechzehn sind. Und wir mußten uns alle rumdrehen. Also wir sitzen mit dem Gesicht zur hinteren Wand, weil dort ein Film projiziert wird.

Rechts von mir ist ein Außenfenster und dort geht es ganz steil runter (ich sitze mit meiner rechten Körperseite direkt – mit Körperkontakt – an der Außenwand). Es ist ein Wolkenkratzer.

Ich muß mich dazusetzen, was mir überhaupt nicht paßt. Und ich komme mir wirklich vor wie das letzte Arschloch, weil ich so denke: 'Ich habe längst ein Studium absolviert und noch ein paar andere Sachen und jetzt muß ich hier – ehm – in einer Abiturklasse oder in der 10. Klasse oder was das ist, sitzen. Mit fast noch Kindern, die sich aufs Abi vorbereiten.'

Und ich werde innerlich wütend, daß ich an diesem Ort bin, mich aber nicht wehre oder aufstehe und gehe und einfach die Konsequenz ziehe. Sondern es ist eine Wut und auch eine Ohnmacht, die mich dort sitzenbleiben läßt. Es ist so'n bißchen die Vaterhaltung: erstmal abwarten, was passiert. Und erstmal das Spiel mitspielen (und wenn es einem noch so beschissen dabei geht und man eigentlich, wenn man sich selbst fragt, ruckzuck diese Situation verändern müßte, um in einen für sich gesunden Seelenzustand zu kommen), was natürlich oft dann bei den anderen das Gefühl vermittelt: Der will gar nichts anderes machen, sondern der hat keine Eigeninitiative und läuft so mit. Redet auch nicht viel. Sitzt einfach da und läßt mit sich geschehen. Ganz gefährlich. Eine ganz – für mich eine absolut – geistig und seelisch tödliche Situation.

Gut. Ich sitze und der Film läuft. Ich weiß nicht, was es ist, irgendein Film. Ein Dokumentar-Film. Und es wird nach und nach ruhiger in der Klasse und die Dornholzhausen-Drebenbusch steht am Projektor, nein, sie sitzt in der Nähe des Projektors und ein HiWi bedient das Ding. So sah ich es im Vorbeigehen. Jetzt kann ich die Chefin samt Kollegen nicht sehen, weil ich in diesem abgewinkelten Eck ganz an der Wand sitze und links vor mir befinden sich die drei Mädchen; vor wie auch hinter uns stehen Bänke (lange Bänke! keine Stühle!) und Tische, die auch mit Schülern gefüllt sind. Und weiter nach links, also ich müßte drei oder vier Meter nach links gehen und dann nach links schauen, um sehen zu können, wo die anderen Kinder sitzen und auch die Chefin.

Irgendwann werde ich von meinem direkten Nachbarmädchen zur Schnecke gemacht. Ich weiß nicht genau, was passiert.

Doch. Sie sagt, sie habe keinen Platz. Was ich überhaupt hier wolle, ich sei doch schon so alt. Und in so einem Alter würde man kein Abitur mehr machen. Und sie lacht und ihre Freundinnen lachen auch. Und sie sagt weiter, daß ich es wohl nicht beim ersten oder zweiten Anlauf geschafft hätte, was ich denn eigentlich für ein Pfeifenkopp sei. Und ich drehe mich zu ihr hin – mit meinem Kopf – guck' sie an und ich bin verletzt, stark verletzt. Habe auch nicht erwartet, daß sie so etwas sagt. Und ich spüre oder schalte schlagartig von einem Ohnmachtsgefühl und von diesem kindhaften (seelischen) Zustand um in meinen Erwachsenenzustand – vergleichbar mit einer Gefühlsabtrennung, oder was dann passiert. Also ich gehe in den Kopf und sage ihr, daß sie das ja wohl überhaupt nichts angehe; und daß sie selbst eine dumme Kuh sei. (Das alles auf engstem Raum. Und unter einer hohen Anspannung bei mir.)

Und in dem Moment, wo ich das alles sage, spüre ich, daß ich gar nicht in meinem Gefühl bin. Daß ich mich nur verteidige. Aber das ist eine Art Scheinverteidigung. Also, ich hoffe, mit diesen Sprüchen Ruhe vor dem Mädchen zu haben und sie einschüchtern zu können. Deswegen setze ich meine Autorität und meine Größe ein. Aber ich habe mich getäuscht. Das Mädchen ist nicht ruhig, sondern frotzelt weiter. Und macht mich weiterhin nieder. Als ob ich ihr Öl ins Feuer gegossen hätte.

Mein Alter und meine vermeintliche Autorität oder auch Wortwahl nützen gar nichts. Dieses jüngere Mädchen hat 'ne große Klappe. Und mir scheint, als ob alles, was ich an Rhetorik und Wissen – also auch Vokabular besitze, hier überhaupt nicht ankommt. Was ich erst vermutet hatte, daß ich ihr überlegen sei. Aufgrund meiner Bildung. Aber dem ist nicht so. Und ich bin wieder gelähmt.

Das Mädchen hat auf ihre Art Vokabular und hat wirklich die Courage, zu meckern, weiter zu meckern. Und mir sehr verletzende Dinge an den Kopf zu werfen. Also in der Art 'Was ich hier täte? Ich sei doch schon zu alt...! Ich hätte wohl meine Chancen im Leben verpaßt.' Oder 'Ich sei wohl damals zu blöd gewesen, als ich Jugendlicher war, die Schule abzuschließen und jetzt müsse ich dafür büßen.' Etc. pp.

Ganz üble Sachen.

Aufgrund der Enge auf dieser länglichen Bank fühle ich mich eingepfercht. Auf der rechten Seite die Außenwand, auf der linken Seite diese drei Mädchen und drumrum noch andere Kinder. Und dieses Mädchen, was direkt neben mir sitzt und mich niedermacht. Also, sie frotzelt weiter und ich halte dagegen. Bin auch ihr gegenüber ausfallend. Merke aber, daß ich schon längst verloren habe. Daß sie keine Ruhe geben wird. Und daß sie in gewisser Weise auch recht hat. Ich gebe ihr tatsächlich Recht. Und mache mich klein.

Ich weiß auf der anderen Seite, daß ich ein Examen habe. Daß ich viel weiter bin als sie. Und an dieser Stelle frage ich mich plötzlich auch, warum ich mich selbst zurücksetze. In einen Zustand, der mir nicht guttut. Wo es mir scheiße geht.

Und je mehr dieses Mädchen kritisiert, desto stiller werde ich; und sie scheint auch die besseren Argumente plötzlich zu haben. Und ich würde mich gerne umbringen. Ich bin so weit, mich umzubringen. Daß ich einfach sage: "Mensch, rechts geht's ab. An dem Haus. Ich könnte die Scheibe zerstören oder das Fenster aufmachen." Wobei ich nicht weiß, ob das geht. Jedenfalls denke ich einfach nur: 'Rechts ist ein Abgrund. Da geht es sehr weit runter. Das würde reichen, um mich umzubringen. Einfach Augen zu und springen. Aus.'

Ich kann auch nicht atmen, in diesem Zustand und ich bin wieder gelähmt. Ich brauche auch länger, um ihr zu antworten. Und ich spüre einfach auch diese unwahrscheinliche Abneigung, die das Mädchen mir gegenüber entwickelt. Und ich frage mich, was habe ich ihr getan? Ich habe ihr nichts getan. Ist auch kein häßliches Mädchen.

Wir sind zufällig "zusammengeworfen worden" – wenn man so will – und, ja, es kann nur daran liegen, daß ich dem Mädchen den Platz wegnehme. Und es deshalb Ersatzerklärungen sucht, um mich loszuwerden. Also, sie sagt nicht offen: "Setz Dich bitte woanders hin. Ich brauche mehr Platz." Sondern sie macht mich auf einer anderen Ebene nieder, die mich verletzt, vielleicht in der Hoffnung, daß sie dann mehr Platz hat und sich ausbreiten kann. Das weiß ich nicht.

Gut. Also mein letzter Gedankengang ist sehr schwerwiegend. Also, daß ich mir Vorwürfe mache, wieso ich so stark regrediere. Ich bin längst examiniert und habe mich längst qualifiziert – in vielen Punkten. Ich bin auch erwachsen. Ich bin dort (im Traum) so erwachsen wie gegenwärtig. Und ich hasse mich, daß ich mich zurückbewegt habe in diesen Kindheitszustand, in diesen jugendlichen Zustand, in diesen Schulzustand; noch mal das Abitur zu machen, um irgendjemand etwas zu zeigen – oder... – ja, eigentlich habe ich das Gefühl, ich hab' im realen Leben schon längst einiges gemacht und trotzdem reicht's nicht aus. Oder es will keiner anerkennen oder sehen. Und so zwinge ich mich, zurückzugehen und mich nochmal dieser Tortur auszusetzen. Mit allen Ängsten, es nicht zu schaffen. Mit jeder Angst, wieder zu versagen oder wieder an bestimmten Punkten der Schulstadien stehenzubleiben und mich demütigen zu lassen von Lehrern. Ausgelacht zu werden von Kindern... als ob die Zeit stehengeblieben sei.

Also so ein Zustand, immer wieder ein Beweis antreten zu müssen, daß ich's doch schaffe und vorwärtskomme und mich doch wieder zurücksetze und mit aller Scham, die ich habe, dem Drumrum ausgeliefert zu sein. Also ich schäme mich, daß ich das jetzt wieder tue. Und auf der anderen Seite denke ich 'Ich muß es machen...' – oder – Ich weiß nicht, was da vorgeht.

Und der letzte 'Stand' auf dieser langen Sitzbank: Das Mädchen macht mich weiter an (nicht im sexuellen Sinn, sondern im verbalen Sinn). Sie gibt keine Ruhe, redet auf mich ein, verletzt mich. Und irgendwann löst sich die Szenerie auf. Oder ich gehe vielleicht sogar. Ich weiß es nicht mehr genau, wie es weitergeht.

Jedenfalls kommt dann im Traum ein Versatzstück oder ein Sprung.

Ich habe Prof. Dornholzhausen-Drebenbusch aufgesucht, im Institut. Und sie fragt mich, ob ich die Zahlen hätte, für die PC-Plätze. Und ich nenne ihr die Zahlen und sie sagt: "Na hoffentlich stimmt das auch!" Und ich sage: "Ja! Das stimmt auf jeden Fall! Ich habe dreimal gezählt. Mit Gegenprobe usw. usf."

Sie notiert sich die Zahl und sagt, daß sie jetzt selbst dorthin gehe, sich das anschauen wolle und ich solle mitgehen. Und wir erreichen dieses Hochhaus, sind auch in diesem schlauchartigen L-förmigen Klassenraum; also es ist mehr ein U als ein L. Wir betreten diesen Raum. Es sind dort die Schüler drin; die Kinder. Die machen ein ziemliches Chaos. Sie turnen herum. Entweder haben sie Pause oder es ist noch kein Unterrichtsbeginn – vielleicht kurz davor – und wir betreten diesen Raum – die zwei anderen HiWis sind ebenfalls da. Und kurz nachdem wir im Raum sind, sagt Dornholzhausen-Drebenbusch, die beiden sollen doch bitte die PC-Plätze zählen.

Damit man das noch mal zur Sicherheit klar habe, wie viel Plätze das denn seien.

In diesem Moment komme ich mir vor wie ein Arsch. Und spüre, daß – ja ich frage mich, 'warum habe ich den Auftrag ausgeführt und ihr noch die Zahlen gebracht, wenn sie jetzt für diesen einfachen Job ihre anderen zwei Leute zusätzlich beauftragt?'

Damit sind meine Funktion und mein Dasein völlig irrelevant. Das ist mein Gefühl dazu. Ich hab' was gemacht; ich bekam eine Verantwortung übertragen, diese Plätze zu zählen; hab' das gemacht, kam mir dadurch auch... also, ich fühlte mich lebensberechtigt durch diese Aufgabe und zu etwas nutze und 'sinnvoll'. Und werde jetzt – so mein Gefühl – in diesem Moment quasi – ja – enthoben; ich bin wie Luft. So komme ich mir vor. Ich hab' das gemacht und jetzt, konkret, sagt sie einfach: "Die zwei sollen das machen!"

Und sagt mir keine Begründung, keine Erklärung. Nicht mal irgendwie ein "Dankeschön", daß ich das jetzt gemacht habe oder eine Erklärung in der Art: "Sie braucht das erneute Zählen zu reinen Kontrollzwecken. Einfach ein unabhängiges Resultat."

Das würde ich ja dann verstehen oder nachvollziehen können. Obwohl ich weiterhin an dem Punkt 'stehe': Das war ein sehr leichter Job und warum überträgt sie das jetzt auf andere?

So tigern also die beiden los und ich schaue mir das an. Und gehe in Gedanken jeden PC-Platz mit; zur eigenen Kontrolle. Weil mich schlagartig diese Angst erreicht: 'Ich habe mich verzählt! Ich bin falsch!' Und gleichzeitig denke ich: 'Dornholzhausen-Drebenbusch hat das gespürt! Sie traut mir nicht. Und hat mehr oder weniger intuitiv nach Betreten des Raumes die Aufgabe an andere delegiert.'

Die beiden zählen also und werden von der Klasse unterstützt. Sie hilft demnach mit oder sagt dem Paar, daß sie da oder dort schon gezählt hätten und sie hätten gemeinsam längst die Zahl 38 herausbekommen; sie brauchten nicht mehr zu zählen ... diese beiden HiWis. Sie könnten der Gruppe glauben. Die Zahl sei richtig.

Und diese Unterstützung wurde mir nicht gewährt. Ich bin also seinerzeit durch den Klassenraum gegangen. Fühlte mich gestört von den spielenden Kindern, die rumgetobt sind, die sich laut unterhalten haben. Die keinerlei Anstalten gemacht haben, mir zu helfen. Überhaupt nicht. Und bei meiner Gegenprobe; ich hab' mich ja verzählt; was auch dadurch kam, daß sich um manche PC bzw. Bänke Trauben gebildet hatten, und ich nicht wissen oder sehen konnte, steht jetzt ein PC dort oder sind es mehrere?

Das konnte ich nicht erkennen und ich mußte mich mühsam durchwuseln. Und bei diesen beiden HiWis geht das – wie ich sehe – mühelos. Die kriegen Unterstützung. Es lacht auch niemand darüber, daß sie die PC zählen.

Sie (die HiWis) werden angenommen. Ich glaube, das ist der Punkt. Sie werden einfach angenommen. In dem, was sie tun und wie sie es tun. Naja, sie zählen also und haben ein anderes Resultat als ich.

Damit gehen sie zu ihrer Chefin. Die nimmt die Zahl entgegen, guckt mich in dem Moment nur an und tötet mich in diesem Augenblick ausschließlich durch ihren Blick. Indem sie nichts ausspricht oder etwa sagt: 'Herr Bedor! Jetzt sind Sie schon so alt. Und ich hab' Ihnen eine so leichte Aufgabe gegeben und sie machen einen Fehler! Sie sind nicht einmal in der Lage, die richtige PC-Anzahl herauszukriegen!'

Ja, und in dem Moment hat sie mich schon abgekoppelt. Also ich bin abgestempelt. Das spüre ich. Nicht mal leichte Aufgaben schaffe ich. Und in diesem Moment ist mir klar, daß ich wahrscheinlich nur noch zum Cloreinemachen tauge. Von ihrer Seite aus. Und daß ich entweder entlassen werde in der nächsten Zeit oder so eine Art 'Mitläufer' im Team bilde, der nur noch zur Optik oder zur "paritätischen" Besetzung – was weiß ich – dabei ist. Mehr zur Kosmetik. Und nicht zur Cleverness oder zum Wissen oder was auch immer dort verlangt oder gebraucht wird.

Ich fühl' mich also minderwertig. Absolut – ja –, abgekoppelt. Auch nicht unterstützt. Es gibt dann wieder einen (Traum)-Sprung. Und zwar ist schlagartig eine Party in dem Klassenraum. Bzw. mehr ein Essen. Also es wird nicht getanzt. Es wird Geschirr ausgetragen. Die PC sind, glaube ich, in eine Ecke gestellt worden, damit die Bänke und Tische frei sind. Genau weiß ich das nicht. Jedenfalls sind die Tische ohne PC. Und die Tische sind gedeckt. Es gibt keine Tischdecken. Auf diesen ganz normalen, glatten Schultischen sind jetzt Teller und Besteck. Vielleicht auch Gläser; wahrscheinlich.

Und einige Kinder wuseln herum und helfen mit. Es gibt, glaube ich, Suppe oder so was. Und einige sitzen schon und warten und reden und ich versuche auch, mich nütze zu machen. Mitzuhelfen. Allerdings mit dieser großen Angst, etwas falsch zu machen und zusammengeschissen zu werden. Richtig niedergemacht zu werden.

Mit dieser massiven Angst bewege ich mich in dem Raum. Und es gibt niemanden, dem ich mich anvertrauen könnte. Oder, der mir irgendwie hilft. Die HiWis haben sich solidarisiert, mit ihrer Chefin. Nicht mit mir. Sind also mehr ihr "zugeordnet" oder "nah". Während ich versuche, mich irgendwie nützlich zu machen, in dem ich Besteck oder Servietten hole. Einfach gucke, wo ich Sachen machen kann, die andere noch nicht gemacht haben oder noch nicht sehen. Ich sehe sehr gut. Und wenn irgendwo eine Gabel fehlt, dann hole ich sie und lege sie an ihren Platz. Oder, wenn jetzt jemand die Suppe austeilt, dann bin ich schon mal einen Tisch weiter mit einem zweiten Suppentopf, den ich dann halte, damit der Austeiler nahtlos weitermachen kann. Ich bin schon dabei. Ich nehme das auch wahr, aber ich habe so gesehen keine Leitungsfunktion oder ich führe nicht Regie, wie jemand, der so koordiniert – ja!? – der sagt dann auch: "Hier! Da müssen noch Teller hin! Das Baguette muß noch verteilt werden... " Oder "Die Butter fehlt..."

Das ist es für mich nicht. Ich würde gern führen, aber die Erfahrung der Zeit davor hat mich ohnmächtig gemacht und läßt mich still sein.

Gut, als das Essen ausgeteilt ist, sitzen wir und essen. Und ich sitze auch wieder in diesem L-Stück, was kaum oder gar nicht einsehbar ist. Ich sitze ganz weit weg von der Dornholzhausen-Drebenbusch, die mit ihren zwei HiWis an einem Tisch sitzt. Ich sitze also nicht am selben Tisch, sondern ich sitze beim "Mob".

Von ihr aus weit entfernt und, ich glaube, es sind auch wieder – entweder sind's dieselben Mädchen wie vorhin oder es sind andere –. Die unterhalten sich angeregt und ich bin still. Aber meine Ohren sind gespitzt. Ich trau' mich aber nicht so recht, mich einzumischen oder mitzusprechen, weil ich

Angst habe, sie verstoßen mich oder lachen mich aus. Also sie dulden mich eher, weil es ums Essen geht und weil man, wenn's ums Essen geht, niemand eigentlich so schnell wegschiebt oder wegstößt.

Essen ist ja elementar oder existentiell. Außerdem würden sie eins auf den Deckel kriegen, wenn sie mich mit einem 'Riesenzirkus' expedieren würden. Also sie dulden mich; das spüre ich und sie konzentrieren sich auf ihre Mahlzeit.

Irgendwann ist das vorbei und die benutzten Teller und das Besteck liegen herum. Und, ich glaube, ein Mädchen kommandiert mich dann und sagt, ich solle das wegräumen, das schmutzige Zeug. Was ich dann ohne Widerworte tue.

Ich nehm' also das Geschirr, das Besteck und bringe es weg; an einen Ort, wo es gesammelt wird. Und die anderen helfen oder machen nach und nach mit. Nachdem das Essen zu Ende ist, gibt es wieder regen Betrieb im Klassenraum. Die Kinder stehen auf und transportieren das Zeug weg. Ich glaub', einige fangen an zu spülen; oder ich weiß nicht, was dann passiert.

Als ich dann zurückkomme, gibt's noch ein Schälchen oder einen Teller, das/der noch wegzuräumen ist. Irgendein Mädchen frotzelt und sagt so, ob ich denn auch den Spültisch gefunden hätte, mit dem Geschirr. Oder ob das irgendwo im Eck rumsteht oder in der Mülltonne (! – Anm. während des Schreibens) gelandet ist oder irgendwas.

Und ich grinse sie nur an, sage innerlich, daß sie wohl spinne und daß das für mich kein Thema sei, daß ich die einfachen Sachen richtig zuordne.

Aber ich sage es nicht!

Ich sage nichts! Ich halte das Maul!

Und das ist schlecht. Es geht nach innen. Ich implodiere!

Dann gibt es wieder einen schnellen Szenenwechsel. Ich bin erneut mit diesen beiden Männern in einem großen Raum. Da liegen Kabel rum ... ja, es ist eine Mischung aus Wohn- und Arbeitsraum. Ich weiß jetzt nicht, ob es dort Scheinwerfer gibt. Jedenfalls ... bin ich da auch so eine Art HiWi. Da steht auch so ein altes, schwarzes Telefon rum, mit so einer sichtbaren, dicken Gabel.

... Ja, und es geht um irgendeinen, also irgendwas ist dort aufgebaut. Aber ich weiß nicht genau, was dort passiert. Und wir kommen in diesem Raum an, wollen eigentlich gleich loslegen mit dem Job. Oder ich denke, jetzt geht's gleich los. Aber der Oberchef sagt, er wolle erstmal in sich gehen; also still sein; für einen Moment, bevor er jetzt gleich weitermacht. Also er kommt von einem Termin oder einem gestreßten Essen und er macht die ersten Handgriffe, aber hält dann inne und sagt, wir sollten erstmal alle für einen Moment still sein und auch das Telefon nicht beachten, sondern mal 'en Moment Ruhe einkehren lassen.

Und ich denk noch so: 'Komisch, ich bin doch jetzt in Schwung und es muß doch jetzt hier weitergehen und, jetzt hat er schon kurz begonnen und sagt schlagartig HALT! PAUSE und ENTSPANNUNG!'

Das kommt mir komisch vor. Aber aus Autoritätshörigkeit mache ich mit. Ich bin still. Das heißt, das Bild: Wir stehen im Raum, jeder ein bißchen Platz um sich rum. Wir sind nur still. Einfach still. Für eine Sekunde oder zwei. Es dauert wirklich nicht lange.

Ja, und das ist, glaube ich, erstmal der Traum.

Der hat mich seelisch sehr stark belastet. Sehr stark.

Ich hab' gut geschlafen. Aber der Traum war ein absoluter Alptraum. Für mich ein absoluter Alptraum.

Diese Ohnmacht und dieses zur Schnecke gemacht werden vor versammelter Mannschaft. Das kann ich nicht haben. Ich hasse es.

Dieser Traum zeigt einmal mehr mein Macht-/Ohnmachtsverhältnis zu Autoritäten, die – wie ich glaube – synonym für meine Eltern stehen. In diesem Falle meine Mutter. Ganz massiv. Typisch für meine Mutter: nach außen hin lächeln, freundlich sein, auf die Menschen zugehen und ihnen auch im ersten Moment wohl vermitteln, daß sie selbst gefühlsmäßig stabil ist, was die Menschen dann auch erstmal 'annehmen', weil meine Mutter so freundlich ins Leben guckt.

Aber wer seine Gefühlsantenne richtig stellt, merkt schnell, daß diese Freundlichkeit aufgesetzt ist. Und daß sie nicht von innen kommt, sondern mehr Fassade ist.

Und dann kommt für mich genau dieser Punkt: Ich kann das ja genauso! Ich kann, wenn es mir absolut beschissen geht, freundlich sein. Eine vermeintliche Offenheit zeigen. Aber innendrin ist alles schwarz und chaotisch. Nichts ist stabil. Und mein Bild dazu ist: Es reicht nur ein kurzer Fingertipp an meine Schulter und ich stürze in den Abgrund. So ein Gefühl habe ich oft.

Ich bin außen, von meiner Statur her natürlich schon kräftig und scheine auch stabil (mit beiden Füßen auf dem Boden), aber mein Gefühl dazu..... wirklich, ein leichter Fingertipp gegen meine Schulter und ich fliege weg; ich stürze in den Abgrund. Für immer.

Und dieser Traum ist das Zentrale bei diesem Thema. Für mich. In diesem Moment.

Ich hab' meine Augen immer noch geschlossen, um Bilder zu rekonstruieren und ich fühle, daß der Traum ein Konzentrat ist. Er ist kompakt, komplex. Er läßt sich sicherlich noch aufdröseln. Im Augenblick sehe ich aber nicht mehr dazu. Es ist einfach anstrengend, die Bilder, diese Ohnmachtsbilder zu aktivieren. Aber ich bin froh, daß ich's jetzt soweit gemacht habe und ich merke, daß ich fast beide Bandseiten vollgesprochen habe. Soviel habe ich jetzt zu einem Traum noch nie gesprochen.

Also, wie gesagt: Macht-, Ohnmacht-Gefühle. Und dieses Wegwünschen von mir; schlagartig an einem anderen Ort zu sein, nichts mehr mit diesen Leuten zu tun zu haben. Nur wegsein. Was anderes machen.

Zugleich natürlich mit einer Inaktivität. Ich wehre mich zum Teil, bleibe aber noch!

Und das ist nicht gut. Das ist für mich nicht gut, dort zu bleiben! Leute scheißen mich an und ich bleibe! Ich krieche!

Das ist schlecht! Gleich 08:30 Uhr.

Stille

Lähmende Stille
zwischen zwei Mündern
weder jener
noch dieser
vermag
sich zu artikulieren
die Herzen warten
sie können's nicht sehen
es gibt Momente
des zweifachen Vergehens

Frankfurt/M., 14. September 1995

Die Zeit zwischen den Stürmen. So fühle ich mich heute. Ich schlief gut. Wachte nur einmal auf und aß eine Schale mit Corn Flakes und Honig (was mir besser bekam als mit Zucker).

Haus, das renoviert wird. Oder/und ein großes Gebäude, was abgerissen wird; nach und nach.

Außerdem Fahrt mit dem Fahrrad zu einem Briefkasten.

Im Nachhinein – nein, das stimmt nicht ganz – noch während des Aufsprechens wurde mir klar, daß es sich bei dem Haus um mein Geburtshaus, die Niedersfelder Schule, handelt.

Ich befand mich mal allein, mal in Begleitung auf einem Hügel und beobachtete, was dort im Tal, wo sich das Gebäude befand, geschah.

Etwa in der Art: Ich komme mit dem Fahrrad von irgendwoher, möchte an mein Ziel und bleibe (fasziniert, erstaunt, neugierig) auf der Anhöhe stehen, weil im Tal Handwerker an einem Haus arbeiten. Gefühlsmäßig habe ich keinen Bezug zu diesem Haus. Ich schaue und sehe, daß sämtliche Fenster weit geöffnet sind – so wie man es kennt, wenn innen renoviert wird, bzw. zugleich alte Fußbodenteile, vergammelte Tapeten, Steine von Zwischenwänden etc. eliminiert werden.

Vor dem Gebäude Unordnung; Gerüstteile; Container – so wie man es von Häusern kennt, die den ersten Tag eines Um- oder Aufbruchs erleben. Ob sie nun geteilt, angestrichen, erweitert oder teilweise abgerissen werden.

Ich stehe und schaue. Und ich sehe niemanden, der zum Haus gehört. Ab und zu sehe ich Männer in Arbeitskleidung (weiß), die hier und da zu tun haben. Das Haus macht den Eindruck, als seien sämtliche, bekannten Bewohner über Nacht ausgezogen. Trotzdem 'sagt' mir meine Ratio (besser meine Erfahrung), daß sich Hausbewohner kaum blicken lassen, bzw., daß man sie kaum bemerkt, weil jetzt andere Menschen und Geräte das Haus beleben. Man kennt es von Häusern, die 'umrüstet' sind: Die Fenster sind kaum einsehbar; und Menschen, die dort wohnen "vermischen" sich beim Verlassen oder Begehen des Hauses mit Menschen, die dort nicht wohnen, aber mit dem Haus zeitweise eine ganz bestimmte Beziehung eingehen.

Beim Schauen stellt sich für mich das Gefühl ein, daß dieses Haus einer (radikalen) Veränderung unterworfen ist. Radikal deshalb, weil es für mich sehr schnell geht. Doch während meiner Beobachtungen stört mich dieser Gedanke nicht. Das heißt: Ich bin nicht irritiert oder gelähmt, sondern beobachte nur und denke zunächst nicht weiter.

Irgendwann kommt ein Mann – ach so, ich vergaß zu sagen, daß ich Kind oder Jugendlicher bin, während ich zusehe. Es kommt also ein Mann, der mir vertraut ist, hinzu, und wir schauen gemeinsam. Es beginnt eine lockere Unterhaltung. Wir reden natürlich über das Haus und die Aktivitäten dort. Er sagt, daß es eigentlich Zeit wurde, daß das Haus mal neue Farbe bekommt und auch innen renoviert wird. Wobei er nicht genau weiß, was eigentlich alles am und im Haus gemacht wird. (Möglich ist, daß ich ihn das irgendwann frage...). Neugierig, wie ich nun mal bin. Nach einer gewissen Zeit ziehen wir weiter unserer Wege.

Ein anderer Zeitpunkt. Ich komme erneut (wahrscheinlich einige Tage oder gar am nächsten Tag) am selben Haus vorbei. Der Mann kommt hinzu und wir schauen wieder auf das Haus. Diesmal sind Dachdecker oder Handwerker mit dem Außendach und dem Dachstuhl beschäftigt. Man sieht, daß heute die Dachfenster und Luken sperrangelweit geöffnet sind. Und es ist reges Treiben. Beim ersten Beobachten sah es nicht danach aus, daß auch das Dach einer Renovierung unterworfen würde. Man erkennt es ja manchmal am Bau des Gerüstes: wird das Haus nur neu gestrichen, reicht das Gerüst bis unter den Dachvorsprung. Muß aber auch das Dach gedeckt werden, reicht das Gerüst oft weit über die Dachrinne hinaus und es gibt oft einen motorbetriebenen Außen-Lift, der Material aufs Dach transportiert, damit die Dachdecker oben arbeiten können.

So ähnlich war es jetzt. Und wir schauen und staunen. Es ist wirklich eine ungewöhnliche Aktivität. Es wimmelt von Handwerkern auf und unter dem Dach. Sie machen sich rege daran zu schaffen. Kaputte Dachpfannen fliegen herunter, Gauben werden ohne Rücksicht auf Beschädigung herausgerissen – was andeutet, daß dort neue eingebaut werden. Auch die über den First hinausragenden Schornsteine werden demontiert. Ihre Steine über Schienen, die übers Dach führen, nach unten in einen Container befördert.

Plötzlich sehen wir niemanden mehr auf dem Dach. Die Arbeiter müssen hineingegangen sein. Schlagartig hebt sich der gesamte Dachstuhl, der eine pompöse Höhe hat und mehrere Meter in seiner Länge umfaßt, hinten hoch, als könnte man ihn aufklappen. Er wird tatsächlich nach vorn gekippt, was uns beide ungeheuer erstaunt, weil wir so etwas noch nie sahen und schon gar nicht vermutet hätten.

Das Dach hebt sich weiter, viele seiner Naturschieferplatten lösen sich aus ihren Verankerungen und rutschen über die Dachverstrebungen mit lautem Getöse zu Boden. Augenblicklich gewähren die zurückbleibenden Löcher Einblick in den Dachboden.

[Habe im Moment einen Weinkrampf. Was ich nicht vermutet hätte.]

Die Energie, die das Dach hebt, läßt keine Zweifel daran, daß es bald komplett zu Boden gehen wird.

Das Dach hebt sich weiter, es rutscht auch vorne aus der Verankerung und fällt mit einem Riesenkrach zu Boden. Beim Aufschlagen zerberstet sein Gerippe und die meisten Schieferplatten lösen sich vom Holz. Staubstrudel wirbeln hoch. Zurück bleibt ein altes, nicht mehr (zu benötigendes) brauchbares Dach samt Dachstuhl.

[Erst wenn man weint, weiß man auch, damit umzugehen.]

Das Haus ist jetzt ohne Schutz; ohne eine "obere" Sicherheit. Sofort schaue ich in das Innere. Die Arbeiter sind verschwunden. Brach liegt der offene Dachboden da, der zuletzt bei seiner Erbauung so viel Licht "gesehen" hat. Ich sehe den Treppenaufgang zum Dachboden, das Gerümpel, was sich in den Jahren dort angesammelt hat. Alte Koffer, Bettzeug, Federn, Fledermausköttel.

Sofort überlege ich, ob das gesamte Haus abgerissen wird. Denn es hat den Anschein. Gestern sah es noch nach Renovierung aus; heute nach Abriß. Mein Gefühl ist gut. Ich spüre keine Trauer – im Gegenteil – ich bin froh, mal von außen alles zu sehen, was unter diesem Dach verborgen war. Früher konnte ich es nur von innen sehen und immer nur Teilbereiche; und noch eins ist entscheidend: dort oben gab es immer nur funzeliges Licht – so wie man es von alten Dachböden her kennt. Viele Stellen mußte man mit einer Taschenlampe ausleuchten, um zu wissen, was dort lag.

Ich beobachte weiter die Szenerie. Das Haus wirkt jetzt nackt. Ungeschützt. Leblos. Nicht mehr wie ein Bunker. Es kann zum Beispiel hineinregnen und nach einiger Zeit sickert das Wasser durch sämtliche Decken, so daß das Haus schnell unbewohnbar wird. Und auch der Wind könnte sein Spiel mit Luken und Mauersteinen spielen.

Wie wichtig doch so ein Hausdach ist. Und wie schnell eine Wandlung eintreten kann: Statt Renovierung und Aufbau, Zerstörung und Abriß.

Jetzt bin ich in Erwartung. Werden die Arbeiter weiter abreißen oder irgendwann ein neues Dach konstruieren? Mein Gefühl sagt: Komplett-Abriß.

Bis hierhin. Der Traum endet auch hier. 09:10 Uhr.

Antwort

Welcher Mensch wird es wagen, diesen Mund zu küssen?
Welcher Visagist machte Dich so zurecht?
Welcher Regisseur wollte Dich so haben?
Welcher Beleuchter fand die Schatten in Deinem Gesicht?

Früh! Früh! Früh!

.... die vergangenen Tage ...

Ich brauche meinen Schönheitsschlaf.

Gehört zu einem Traum: Kauf einer 'Cosmopolitan'; leichte Verwirrung beim Einpacken. Dann, im Gespräch mit der Verkäuferin, schlagartiges Feststellen meines kaputten Hemdes. Trotz Krawatte ein großes, fehlendes Stück Stoff im Brustbereich, oberhalb, bis zum Kragen. Scham. Das habe ich dann abgedeckt – mit der Hand. Gehe nach Hause. Scham.

Und denke noch so: ' – – es ist kalt und ich kann auch so nicht gehen – wie sieht das aus? ---'

Und kurz nachdem ich draußen bin, trage ich plötzlich einen Parka. Halte aber immer noch meine Hand am Hals, weil ich dieses kaputte Hemd abdecken muß. Dann stelle ich fest, daß ich den Parka habe. Und freue mich. Den kann ich dann oben zumachen, oben zumachen. Das sieht niemand und das funktioniert auch. Dann gehe ich mit meinem Heft unterm Arm, was in einer größeren Papiertüte steckt, durch eine Unterführung. Ganz rechts am Rand entlang; drehe mich spontan um und sehe, daß mich ein Mann verfolgt, der so alt ist wie ich – oder jünger. Ich denke sofort, daß das ein Dieb ist, ein Räuber, der mich überfallen will. Seine Optik paßt zum Foto-Klischee. Er quetscht sich auch an der Wand entlang.

Ich mache automatisch einen Haken zur Mitte, um zu sehen, ob er mir folgt (in der Bewegung). Dann noch weiter zum anderen Rand. Und dann hebe ich ab. Und mache Schwimmbewegungen. Und spüre, daß ich so schneller vorwärtskomme. Dabei halte ich den Faden meines Kaugummis in der Hand. In beiden Händen und hab' so das Gefühl, daß mich das Kaugummi bremst und mich zurückhält; und mich der Mann einholen könnte, weil ich zu langsam bin.

Aber ich helfe nach und dehne diesen Faden, dieses Kaugummi. Ziehe es auseinander und hangel mich dann so weiter. Irgendwann reißt das Kaugummi und die Verbindung nach hinten ist endgültig gekappt und ich meine, schneller vorwärts zu kommen.

Ich schwebe immer noch über dem Boden und mache Schwimmbewegungen. Dabei schaue ich nur auf den Boden. Und orientiere mich an der Bordsteinkante in der Richtung. Es klappt sehr gut. Und dann bin ich aus dem Tunnel heraus auf einer Anhöhe; immer noch Bordsteine und ein Stück Kaugummi, was ich nachführe. Dann reißt es wieder und ich bin etwas schneller.

Und meine Sicherheit wird größer; ich werde ruhiger. Arbeite aber konsequent an meiner Richtung weiter und sehe immer noch die Bordsteinkante und die Bordsteine, die ich passiere.

Und dann kann ich mal kurz aufblicken, nach links. Da geht es etwas runter; dort ist eine Straßenkreuzung. Und irgendwann lande ich sozusagen auf meinen Füßen. Und gehe Richtung Kreuzung. Da überquere ich eine Straße und irgendwo gibt es ein Haus. Also mein Ziel.

Ich bin völlig angstfrei. Und freue mich darüber, daß ich eine Methode für mich gefunden habe. Das war's.

Ende dieses Traums. Ich bin danach gar nicht in der Lage, gleich die nächsten "Bandsprüche" zu tippen. Diesen Traum hatte ich gar nicht mehr präsent. Umso besser, daß ich ihn sofort auf Band sprach. Nun, augenblicklich, das heißt in der Phase meiner doppelten Existenzgründung (Leben und Beruf), kann ich die Träume gar nicht so schnell aufarbeiten. Konkret: Ich arbeite daran, indem ich sie notiere und fixiere. Das ist schon sehr viel und die Prozesse des Aufsprechens und anschließenden Aufschreibens fordern Seele und Geist. Schließlich geht es nicht nur ums Abtippen.

Gut. Ich nehme das hier so an und kann das auch. Wie gesagt: Eine detaillierte Aufarbeitung überfordert mich augenblicklich. Anders gesagt: Die Träume lösen etwas aus, was mich wacher und energiegeladener für meine Existenz werden läßt, so daß ich von ihnen positiv gesteuert werde. Vorstellen kann ich mir, daß auch diese Träume/Texte tragende Elemente meiner Lebens- und Berufsexistenz (als Schriftsteller) werden. Deshalb ist eine gegenwärtige "Auflösung" auch nicht dringlich. So, genug der praktischen Theorie.

Geht der Kat seiner geregelten Arbeit nach?

Zum Traum gehört noch eine Anfangssequenz. Und zwar komme ich in einen Raum, in dem eine Frau sitzt. Und sie hört Musik. Die Frau ist vielleicht 30, Mitte 30. Ich komme hinein, soll mich setzen und sie fragt nach meinem Namen. Und ich sage "Bedor". Und sie sagt: "Wie? Dior?" Und ich wiederhole meinen Namen; sie nennt wieder einen anderen Namen. Dann wiederhole ich nochmal meinen Namen.

Und ich frage sie, ob wir nicht die Musik abstellen können, damit wir uns besser unterhalten können. Aber sie schüttelt den Kopf und ich sage nochmal: "...es ist günstiger, wenn die Musik aus ist, damit wir besser reden können. Ich möchte nicht so schreien."

Aber sie schüttelt weiter den Kopf.

Lebensnah

Denken, Denken
Handeln, Spielen
Täuschen, Leben
Liebe spielen
Leben machen
Leben geben
Leben nehmen
Tot erwachen

Frankfurt/M., 16. September 1995

Sitze in der Küche. Bin in der Nacht mehrere Male aufgewacht. Toiletten-Gang. Und jetzt bin ich für etwas längere Zeit wach. Und dachte mir, ein paar Gedanken elektronisch zu notieren. Ich denke, seit ich heute nacht schlafe, wieder verstärkt an meine Karten-Existenz. Das hat damit zu tun, daß ich gestern den Kalkulations-Plan oder auch die Pläne modifiziert habe. Und dadurch automatisch mehr Sicherheit bekomme oder auch merke, daß durch die Beschäftigung damit ich dem Ziel näher komme. Ich habe auch mehr und mehr Mut, meine Produkte der Öffentlichkeit zu zeigen; bzw. mich damit auseinanderzusetzen.

Es ist eine Mischung aus Neugier, Erwartung, Gespanntheit und auch Feixtum, was damit zu tun hat, daß diese Tonne als Star schon eine witzige Idee ist.

Ja, der gestrige Tag war gut getimt. Erst Friseur, dann Gedankenbuch, dann Zahnarzt, was diesmal nicht gut war. Er hat gleich drei Zähne in die Mangel genommen. Und danach war ich ziemlich down. Ungewöhnlich down, was ein bißchen mit dem Elektro-Schock zu tun hatte. Erstmalig setzte der Zahnarzt diesen Elektro-Fühler ein, mit dem er testen kann, ob der Zahn noch lebt. Danach war ich kurz im Botanischen Garten. Es war sehr gut. Ich saß unter der großen Kastanie und habe abgeschaltet. (Dabei fiel mir mein – fast erstes – Kastanien-Foto ein).

Anschließend Brötchen von Kröger. Nach der Rückkehr ein kurzer Brötchen-Snack. Ja, dann habe ich gespült. Um 14:30 kam H. (pünktlich!); der brachte mir meinen Arbeitslosen-Leitfaden zurück.

Wir haben zusammen gegessen. Und viel gelacht. Zur Zeit ist er wieder ausgeglichen, weil er in seinem alten Palmengarten-Job ist. Das freut mich für ihn. Wobei mir klar ist, daß sich bei ihm in einigen Wochen eine erneute Unmutstimmung breit macht. Aber ich lasse los. Das ist sein Ding.

Nach seinem Gehen habe ich mich entspannt. Und entschied mich dann gegen Abend, am PC meine Kalkulations-Tabellen zu modifizieren. Das war genau richtig. Ich schaute mir meine Ergebnisse an; heftete noch ein paar Materialien ab; ließ mir die Dinge durch den Kopf gehen und ließ dann los. Schaute ein bißchen TV und ging früh ins Bett, um Salinger zu lesen: Franny an Zooey. Sehr spannend! Sehr gut geschrieben! (Ich glaube, dort speichere ich auch Anregungen für mein erstes Buch ab.)

Muß ich sagen. Wirklich ausgezeichnet! Viele gute Ideen drin. Ich hätte gerne das gesamte Buch gelesen, war aber irgendwann zu müde. Ja, für heute habe ich mir vorgenommen, Abzüge zu machen, die ich noch für den Dienstag-Termin brauche. Ich werde also meine Kollektion komplettieren; wobei die Beschäftigung damit mir noch mal eine Distanz gewährt und ich im Tun eine immer kritischere Auswahl der Motive treffen kann und werde.

Es bleibt für mich erstmal dabei: 16 s/w und 8 Farbmotive. Bin wirklich gespannt wie mein Flitze-Bogen-Logo. Wie meine Karten-Kiste ankommt. Vielleicht ist der Termin Ende des Jahres gut gewählt, denn es gibt ja auch den Weihnachtsmarkt.

Ihr ganzes Leben auf einem USB-Stick.

Ich will mich so verändern, wie ich bin.

Aus seiner tristen Stammfamilie wollte er ausbrechen – und in sein Leben einbrechen.

Hier verkaufe ich – ich kann nicht anders.

Erst kommt die Ausbeutung, dann kommt die Moral.

Downhill-Racing = Sterbehilfe für Radfahrer.

Kleinmüll macht auch Mist.

One-night-standby.

Hühnerhaltung: Wir lassen nur in Deutschland töten.

Tatoos: Voll Tinte gestochene Körper.

Bill Gates fing seine Computer-Arbeit in der Garage an. Ich hab meinen Job in der Mülltonne angefangen.

Das Leben auf Wiedervorlage legen.

Frankfurt/M., 19. September 1995

Paket mit Enten? Tauben? Hühnern? Truthähnen?

Postschalter, erst leer und ich fand den Abholzettel nicht...

Dann warten – und während der Beamte nicht am Schalter war, kamen ganz viele Menschen (in Sekunden), eine Traube, die sich dann dort drängelte. Und irgendjemand (ein Mann in meiner Nähe) schob den ganzen "Stoß" zurück. Und dann kam dieser Mann wieder zurück und ich schnäuzte mir die Nase. (Nein, ich schnäuzte mir die Nase, während dieser Troß sich an den Schalter quetschte. Dann sagte jemand (auch ein Mann, aber ein anderer) – in einem sehr abfälligen Ton zu mir, daß es mir recht geschehe, ein düsteres Paket zu erhalten. Mit düster meinte er ein Paket, dessen Inhalt mich schocken wird.

Ich verstand das aber nicht richtig, sondern tat so, als hörte ich ihn nicht.

Sagte aber nichts.

Jetzt fällt mir auf, daß ich vielleicht erst diesen Spruch 'abbekam' und mich dann als Reaktion darauf schnäuzte?!

Als ich dran war, sagte der Beamte, daß ich hier falsch sei, um das Paket entgegenzunehmen. Er nahm meinen Abholzettel und nannte mir das Zimmer, in dem die Pakete ausgegeben würden. Er leite den Auftrag weiter, sagte er.

Ich war enttäuscht, gerade und weil ich solange hier gewartet hatte.

Dann dachte ich 'Naja, ich will es ja haben. Jetzt stand ich solange hier, dann kommt es auf die paar Minuten auch nicht mehr an.'

So ging ich aus diesem Postsaal hinaus, betrat einen Korridor, in dem es ruhig, fast totenstill war. Keinerlei Leben. Nicht mal Geräusche aus irgendwelchen Zimmern...

Suchte dieses Schalterzimmer, orientierte mich an irgendwelchen Zeichen im Gang. Betrat einen anderen Korridor, bog um eine Ecke, folgte der Geraden, ging durch eine Zwischentür und war nach einer weiteren Tür in einem größeren Raum, der aber wesentlich kleiner war als der Postsaal zuvor. In diesem Raum war anfangs auch kein Leben. Niemand wartete dort. So daß ich zunächst dachte, ich sei falsch. Zudem sah ich auch hinter den Glasscheiben, die in eine unten geschlossene Holzrahmung eingefaßt waren, keine Postbeamten. Auch hörte ich keine Geräusche.

Eine 'Amtsbank' für Wartende, wie man sie aus Gerichtsgebäuden kennt, stand an der Wand. Ich setzte mich darauf, wartete ab, ob sich hinter den Scheiben etwas rühren würde.

Einen sich bewegenden Kopf nahm ich diffus war. Der dazugehörige Mensch mußte in einigem Abstand hinter der geriffelten Scheibe sitzen, denn sonst wären die Umrisse deutlicher gewesen.

So dachte ich: 'Wie öde für diesen Beamten, er hat keine Kollegen in diesem unlebendigen Zimmer, mit denen er sich über seinen Job oder andere Dinge austauschen könnte.'

Mein Kommen schien er nicht bemerkt zu haben; oder er war so vertieft in seine Arbeit, daß er sie nicht unterbrechen konnte.

Ich überlegte, was zu tun sei. Immerhin wird er inzwischen von seinem anderen Kollegen über meine Paketabholung informiert worden sein. Oder sollte der erste Beamte mir einen Bären aufgebunden haben? Mir gesagt haben, daß er es weiterleite, aber es tatsächlich nicht getan hat und ich jetzt 'leerlaufe'?

Großes Unwohlsein machte sich bei mir breit. Was könnte ich dann tun? Den Beamten hinter der Scheibe konnte ich mit meiner normallauten Stimme kaum erreichen. Außerdem stört man keinen bei der Arbeit. Man wartet ab, bis man an der Reihe ist oder aufgefordert wird.

Aber so?

So wartete ich. Irgendetwas mußte geschehen. Denn das Postamt würde nicht ewig geöffnet sein. Möglicherweise schlösse man mich am Ende noch darin ein...

Ein zweiter Beamter schien dazuzukommen. Ich schloß es daraus, daß es hinter der Glasscheibe eine Tür geben mußte, durch die die Beamten ihrerseits den Raum betraten. Es war mehr als logisch, denn wie sollten sie sonst an ihren Arbeitsplatz kommen?

Geräusper. Stimmen.

Sie unterhielten sich. Ich konnte aber nichts verstehen.

Dann schob jemand eine Trennscheibe beiseite, sah mich und legte wortlos ein Paket auf die Ausgabe; danach schloß sich die Scheibe.

Ein Gegenstand, von der Größe eines Babys, eingeschlagen in vergilbtwelliges, zeitungsähnliches Packpapier lag dort.

Ich erwartete in diesen Tagen kein Paket, ich erwartete überhaupt keine Postsendung; denn ich hatte nichts bestellt. So war mir schleierhaft, was es sein könnte.

Ich nahm es von der Ablage; es wog nicht viel und der Inhalt fühlte sich weich an. Beim Gang zur Bank, wo ich auspacken wollte, glitt es mir unverhofft aus den Händen und fiel zu Boden. Eine schmale Seite platzte durch den Aufprall auf und heraus fielen zwei Körper. Zurück blieb eine weiße Masse, die ich nicht identifizieren konnte. Ich deutete es als Kalkpulver oder Gips.

Vor mir lagen zwei leblose, braune Taubenkörper ohne Kopf.

Ich erschrak fast zu Tode. Sollte sich die Ankündigung (Vorsehung) des Kunden in der Posthalle so schnell erfüllt haben?

Ich blieb reglos stehen, schaute auf die toten Körper. Konnte nichts denken. Ohnmacht erfaßte mich. Mir stockte der Atem.

Nach einer Weile schaute ich auf, suchte jemanden hinter dem Schalter, der meinen Schreck "ableiten" könnte, indem er Anteil an meiner Reaktion nimmt. Doch die Scheibe hatte sich längst geschlossen und diesmal nahm ich nicht mal mehr Schatten wahr. Auch keine Geräusche. (Meistens schauen Menschen verschreckt auf, wenn sie gehört haben, daß etwas unbeabsichtigt zu Boden gefallen ist. Sie erschrecken kurz mit; sagen auch manchmal etwas dazu – ähnlich der Situation in einem Restaurant, wenn der Kellnerin ein Glas aus der Hand fällt und es mit klirrendem Getöse auf dem Boden zerschellt: "Ach, Scherben bringen doch Glück!" Obwohl gerade an Polterabenden kein Glas absichtlich zerworfen werden darf! So bringt kaputtes Glas also nur Glück, wenn es im Unglück zerbricht. Und dann wenden sich die Gäste schnell wieder ihrem vorherigen Tun zu, als ob man bei ihnen für kurze Zeit einen automatischen Reflex ausgelöst hätte, der bei ihnen nur diesen einen Satz parat hält.)

Ich fasse nichts vom Inhalt an. Tierkadaver haben mich in dieser Hinsicht nie interessiert. Außerdem lernte ich, daß tote Körper Gift enthalten können, das dem Menschen schadet.

Mein Blick schweift zum Paket: Der restliche Inhalt scheint sich zu wandeln. Was ich zuerst als Gips oder festeren Kalk deutete, ist bei näherem Hinsehen das Hinterteil ein oder zweier Hühner bzw. Turteltauben. Diese Tauben, die am Hinterteil einen Federkranz haben.

Genau will ich mich damit gar nicht beschäftigen, weil ich annehme, daß auch dieses Tier keinen Kopf hat. Kurz denke ich daran, die Pakethülle an einem Zipfel zu greifen und daran zu ziehen, um den Gegenstand herauszuschütteln. Doch empfinde ich starken Ekel bei der Vorstellung, daß auch dieses Tier ohne Kopf ist und mir ein blutiger Hals 'entgegenschlägt'.

Ich staune lediglich über meine Wahrnehmungsstörung. Darüber, daß ich anfangs kein Tier mehr in dem Paket sah. Der Gips muß sich verwandelt haben...

Kreidebleich setze ich mich auf die Bank. Versuche zu atmen. Und zu denken. Krame in meinem Kopf, wer mir so etwas antun könnte. Komme auf keine Antwort.

Zwei blaubräunlich schillernde Tauben – vielleicht auch Enten –, ein Huhn oder Truthahn oder etwas ähnliches; jedenfalls mit weißem Gefieder.

Schatten hinter der Scheibe. Bewegung. Leben. Plötzlich ist nur noch ein Teil der Trennwand da; ich kann in den Raum hineinsehen, scheine aber nur Sichtkontakt zu haben. Hören kann ich kaum etwas. Ich sehe, wie es sich ein Beamter auf einer ähnlichen Bank, wie der, auf der ich sitze, gemütlich macht. Er legt sich hin. Es ist eine gepolsterte Bank. Er hat eine Wolldecke bei sich, mit der er sich zudeckt.

'Wahrscheinlich macht er Pause', denke ich. Er hat auch Brote dabei und eine Thermoskanne.

Von meinem Mißgeschick hat er offenbar nichts mitbekommen. Er sieht mich zwar sitzen, wundert sich aber nicht darüber. Fragt auch nichts. Das wäre eigentlich die übliche Reaktion, denn inzwischen sind viele Minuten zwischen der Ausgabe des Pakets und jetzt verstrichen. Er hätte fragen können: "Ist etwas nicht in Ordnung mit dem Paket?" Oder: "Sind Sie nicht der Empfänger dieses Pakets?" Oder auch: "Ist Ihnen nicht gut? Kann ich was für Sie tun?"... Das kaputte Paket kann er nicht sehen. Für ihn liegt es im toten Winkel. Das heißt genauer, er sieht es nicht, weil die Trennwand dort höher ist. Er kann lediglich meinen Rumpf sehen. Dafür sehe ich den Beamten komplett.

Er liegt ... hat sich zugedeckt ... vielleicht liest er auch etwas ... die Bilder verschwimmen...

Nach der Atom-Katastrophe

Ich male ein Bild, sagte der Maler
Ich meißle eine Skulptur, sagte die Bildhauerin
Ich singe ein Lied, sagte der Sänger
Ich schreibe ein Gedicht, sagte der Lyriker
Ich mache ein Foto, sagte die Fotografin
Ich demonstriere, sagte der Student
Ich verteile Flugblätter, sagte die Frau
Ich drehe einen Film, sagte der Regisseur

...und wer drückt den Abschaltknopf?

Frankfurt/M., 02. Oktober 1995

Habe gestern Kum Nye gemacht; gegen 18 Uhr. Sehr ausführlich. Aß danach etwas. Und legte mich dann eine Weile auf die Couch; vis-à-vis das Kum Nye-Licht.

Die große Gefühlsreaktion hatte ich während der Meditation nicht. Es war sehr gut zu meditieren. Gegen 21 Uhr ging ich sehr geschafft zu Bett, obwohl ich nach der Meditation auf einem sehr hohen Energielevel war. Ich hätte Bäume ausreißen können. Das flachte aber sehr schnell ab und mein Körper bedankte sich bei mir, daß ich nicht wie ein Ochse noch danach geackert habe. Am PC oder irgendetwas anderes.

Ja, ich träumte. Die Bilder sind aber nicht sehr klar. Ich bin im Traum Veronika begegnet; in einer Küstenstadt. Kann auch ein kleiner Ort an der Küste gewesen sein. So wichtig ist das jetzt nicht. Und das war sehr eigenartig. Ich bin durch diesen Ort gegangen; hab' sie, glaube ich, abgeholt, oder wir trafen uns an/in irgendeinem Haus, dann gingen wir gemeinsam durch Straßen Richtung Strand, der über eine Anhöhe, die mit Dünen versehen ist oder auch ein paar Felsen hat, erreichbar war. Das Phänomen war: Als wir aus dem Haus kamen, hatten wir beide einen Zeitensprung gemacht. Die Auslagen in den Vitrinen der Straßen waren uralt. Also vielleicht aus den 1950ern. Die Schrift an den Häusern und den Werbeplakaten war vergilbt. Ja, es war ein komisches Phänomen; speziell die Schriften und auch die Hausfassaden waren etwa aus den 1950ern.

So würde ich sagen, als ich sie abholte, fiel mir das nicht auf, oder es war so modern wie gegenwärtig. Dann waren wir zusammen; gingen schnellen Schrittes Richtung Strand und waren zurückkatapultiert. Ich ordne es den 1950er Jahren zu. Alles was uns begegnete, was wir sahen. Wobei wir keine Menschen auf den Straßen beobachteten. Was mit den Autos war, kann ich nicht sagen. Ich glaub' das war mir nicht deutlich. Oder sie waren nicht so relevant.

Veronika sprach von Marseille, und davon, daß sie ohne die Erfahrung, die sie in der Hafenstadt gemacht habe, heute viel weniger Bewußtheit hätte. Es sei für sie dort eine ganz wichtige Lebenszeit gewesen.

Veronika wurde philosophisch in der Form, daß sie durch dieses Auslandserleben ihren Geist geschärft habe und ihr niemand so schnell mehr ein X für ein U vormachen würde. Und die APO-Generation würde insgesamt unterschätzt werden. Was die Koriphäen oder die Allgemeinkenntnisse dieser gesellschaftlichen APO-Einflüsse beträfe.

Ich konnte wenig damit anfangen, zwar folgte ich verbal, dachte aber, sie schlägt hier Schaum. Mir war das zu viel "über" den Kopf. Und es schien mir in Veronikas Leben auch nicht Realität zu sein, was sie tat, wie sie es tat; in ihrem heutigen Job als Sozialpädagogin. Den hatte ich komischerweise im Traum auch präsent.

Also es ging um diesen Zeitensprung. Ich holte Veronika ab, und schlagartig waren wir in den 50ern. Wir beide. Und auch Häuser, Schrift. Menschen weiß ich – wie gesagt – nicht genau.

Wir gingen schnellen Schrittes. Das war so ihr Tempo. Und ich paßte mich an. Über diese Anhöhe, durch Häuserreihen und über Straßen. Das Meer konnte man von der Anhöhe aus sehen. Dann gingen wir die Anhöhe herunter. Da gab es Wege. Ausgetretene Wege. Pfade. Irgendwann waren wir auf Meeresspiegelhöhe, am Strand. Liefen dort am Strand entlang. Und irgendwas sperrte sich bei mir – oder ich dachte 'Was zeigt sie mir denn jetzt? Sie wollte mir doch was zeigen!' Aber ich hatte ein dumpfes Gefühl, anfangs, bzw. ich holte sie ja wohl deshalb ab, weil sie etwas weiß, was ich noch nicht weiß oder kenne. Und sie mir das zeigen sollte oder wollte. Dazu kam es jedoch nicht. Das Ufer und dieser Strandbereich waren nicht das, was ich sehen wollte – oder so – das ist jetzt sehr schwer zu sagen – ich denke, es ging um einen Gegenstand, oder um eine Orientierung, um eine Zielfindung. Aber das, was wir dort machten, oder was sie machte, war allgemeines Geplauder, hochtheoretisch und eine Ankündigung, daß sie den Weg wisse und auch das Ziel kenne. Vielleicht auch mein Ziel. Aber es nicht umsetze und nicht anvisiere. Es blieb bei philosophisch-theoretischen Gesprächsfragmenten. Und es blieb bei ihrem Werden. Bei meinem ... also um meins ging es überhaupt nicht. (!) Oder wenig. Genau kann ich nicht mehr sagen, was dann folgte. Dazu sind die Bilder zu dünn.

Mein Gefühl in diesem Traum ist sehr zwiespältig, äußerst zwiespältig. Ich ging mit ihr. Vielleicht hoffte ich auf Entscheidungen oder Hinweise für mich. Was aber nicht eintrat. So verbrachte ich die Zeit mit ihr, hoffte, daß eine Zielfindung stattfände, aber das passierte nicht. Warum gerade Veronika auftauchte – in dem Traum – kann ich nicht sagen.

Ich fühle mich trotz der Nachtzeit ausgeruhter, als gegen 21 Uhr. Und gehe jetzt wieder ins Bett. Mit diesem Gerät. Und bin neugierig, was im Traum passiert.

Man muß mit der Zeit   ...   g e h e n .

Kaum erbaulich. Ausführlicher Traum einer Operation beim Zahnarzt. 10 vor 6.

Mit ausführlicher Betäubung (Vereisung), des rechten, unteren Kiefers. Was den Zahnarzttraum angeht: bei mir das Gefühl der Hilflosigkeit. Des Ausgesetztseins. Obwohl das real bei mir nicht so ausgeprägt ist. Aber der letzte Besuch mit dem Elektroschock war schon nahe dran, an dieser Autorität.

Es ist jetzt Sonntagmorgen, 7:50 Uhr. Bin erstaunt, daß es noch so früh ist. Hatte gedacht halb neun. Sitze am Frühstückstisch. Mein Kum Nye-Licht brennt. Draußen ist es sehr trübe. Auch kühl. Ich schlief dann noch unruhig, nach dieser längeren Traumerzählung. Und im Badezimmer fiel mir eine Sequenz ein. Es ist die Sequenz: Ich werde von einem Mann interviewt. Bzgl. meiner Biographie, oder auch meiner Ziele. Wer der Mann ist, weiß ich nicht. Es kann die Situation mit Herrn Hammer sein. Und zum ersten Mal spiele ich nicht meine Rolle, sondern bin offener. Sage auch, daß ich keine Karriere möchte; nicht um den Preis der Gesundheit. Daß ich mir ein anderes Leben eher vorstellen kann. Ein künstlerisches Leben. Was mich mit meiner Ausdrucksart, meinen Gedanken in der Umsetzung und vielem mehr erfüllt. Anstatt etwas Vergewaltigendes zu tun und durch Geld, vielleicht auch Einfluß, den man hat, sofern man daran glaubt, betäubt, getötet zu werden.

Das Interview war nur eine kurze Sequenz. Es macht mich verlegen. Ich bekam einen roten Kopf. Teilweise. Aber ich stand zu mir. Ich stand zu mir und zu dem, was ich tat und sagte. Und ich hatte nicht mehr den Druck, mich verkaufen zu müssen. Nach außen. Also dieses Verkaufen, dieses Rüberschicken: 'Ich kann das alles, ich bin das und nehmt mich für die Stelle'.

Jetzt werde ich erst mal essen.

Ich hatte in der Phase des Aufwachens Herzschmerzen. Die von meinen negativen Gefühlen oder von der Belastung herrühren. Bei intensiven oder nach intensiven Kum Nye-Übungen trat das häufiger auf. Es ist kein organischer Schmerz. Das ist ein Seelen-Herzschmerz. Herz-Seelenschmerz.

Exakte Dias gibt es dazu nicht. Vorstellen kann ich mir, daß sich jetzt für meine Berufsexistenzgründung Ängste nach oben oder nach außen spülen, die mich seelisch in meine Vergangenheit katapultieren. Und dort an Urängste rühren. Stichwörter sind: Verlassenheit, Trauer, niemanden haben, der Rat gibt. Niemanden haben, der eine gute und seelische Unterstützung gibt. Ja, und natürlich Anteile des Mißtrauens, auch mir selbst gegenüber. Und – ich hoffe, daß der Glaube an mich selbst stärker wird.

Taunus-Terrorist = Samstags-Jogger.

Sorge Dich nicht, funktioniere!

Never change a mobbing team.

Hat Ihre Seele auch Überstunden angehäuft?

Abhängig-freiberuflich.

Bei ALDI kaufen nur B(io)-Soziale.

Live to go!

Verstehen Sie rempeln?

Wenig Lärm um alles.

Das Kapital ist der Diktator.

Nicht an Alzheimer erkrankt, sondern an Billigheimer.

Frauen in (Ver)Führungspositionen.

Mit Leben verfüllt.

Bin gerade aufgestanden und sitze in der Küche. Ich hatte einen Traum, der mich stark mitgenommen hat. Soweit ich rekonstruieren kann, war es erst eine Person, ein Mann. Und später eine ganze Clique, die mir zusetzte. Wir hatten uns irgendwo kennengelernt. Und ich hatte verschiedene Sachen bekannt gegeben oder auch gesagt; von meinem Privatleben. Und dieser Mann, dieser Gangführer oder dieser Bandenführer, was ich anfangs nicht wußte, drang immer mehr in mein Privatleben ein. Wollte von mir wissen, wer mir schreibt, mit wem ich verkehre und ich hatte große Mühe, mich zu wehren, tat es aber.

Und es gibt eine Schlüsselszene: Dieser Mann hatte einen schwarzen Hund, ein sehr liebes Tier und auch nicht sehr groß. Also etwa wie ein Pudel, etwas kleiner.

Und dieser Hund hatte schnell Zutrauen zu mir. Genauso wie der Mann. Und irgendeines Tages hüpfte der Hund auf meine Schulter, während ich – oder bevor ich – die Treppe von meiner Wohnung runterging. Von meinem Haus. Ich trug also diesen Hund halb auf meiner Schulter, halb an meinem Rücken die Treppe herunter. Und der Mann ging auch mit die Treppe herunter. Und dieser Hund hatte sich – ja, saß auf meiner Schulter – und anfangs hatte ich nichts dagegen, daß der Hund so schnell auf meine Schulter sprang und auch einfach sagte oder so – ja, einfach – es einfach tat und mir signalisierte, daß er das immer so macht. Und das sonst auch bei dem Mann macht. Er läßt sich tragen. Und wir mußten mehrere Stockwerke hinuntergehen. Und beim Hinuntergehen war es mir immer unangenehmer, daß dieser Hund auf meiner Schulter war, denn ich spürte bei mir, daß es eine Last wurde und ich lediglich gute Miene zum bösen Spiel machte. Ich traute mich aber nicht, weil ich einmal 'Ja' gesagt hatte, dem Hund zu sagen, er soll runter gehen. Weil ich jetzt nicht mehr wollte. Sondern ich machte das Spiel mit. Und es ging mir immer schlechter dabei. Außerdem hatte ich Angst, "zwischendrin" 'Nein' zu sagen. Weil ich befürchtete, daß der Mann mir zusetzen würde und es Diskussionen geben könnte, denen ich nicht gewachsen wäre.

Je tiefer ich kam, desto unwohler wurde mir und desto mehr Spannung entstand. Ohne daß wir sprachen. Zwischen diesem Begleiter und mir. Der Hund war weiterhin auf meiner Schulter und fühlte sich offensichtlich wohl. Er hatte Übersicht, konnte alles ansehen und wurde getragen.

Als wir aus der Tür getreten waren, es war ein Hochhaus, kamen wir auf eine etwas breitere Treppe, und ohne daß ich jetzt etwas sagte, ging ich ein bißchen in die Hocke und machte eine Schüttelbewegung, um dem Hund zu zeigen, daß wir jetzt unten angekommen sind und er auf seinen eigenen Füßen laufen kann. Das war so abgemacht, daß, wenn wir unten sind, er selbst laufen sollte. Und während ich mich noch so'n bißchen schüttelte, ganz sachte, als Zeichen, daß er jetzt loslassen soll und auch runtergehen kann, krallt er sich mit aller Macht fest – in meine Schulter – und murrt oder kläfft, oder spricht auch was und geht nicht runter von meiner Schulter. Sondern krallt sich fest.

Und das macht er so heftig, daß ich Schmerzen habe und mich vor lauter Schmerzen auf die oberste Stufe setzen muß. Und sein Begleiter reagiert sofort auf unser Tun und preßt mich noch zusätzlich auf die Stufe, um mich zur Rede zu stellen. 14:15 Uhr.

Ca. 20:38 Uhr.

Was mir einfiele, seinen Hund mit so einem leichten Schulterzucken oder so einer leichten Schüttelbewegung abschütteln zu wollen. Wir seien doch noch gar nicht ganz unten angekommen. Es gäbe noch mindestens fünf Stufen, die ich ihn zu tragen hätte.

Ich bin total gelähmt. Kann mich nicht rühren, habe im Nacken und auf dem linken Schulterblatt diesen Hund, dieses schwarze Knäuel, das mir stark zusetzt. Und vor mir ist jetzt mein Begleiter, der auf mich einredet. Er steht vor mir, ist ein bißchen gebeugt. Und die beiden unterhalten sich. Der Hund sagt, ich hätte mich schon im Treppenhaus während des Transports so komisch gegeben. Hätte schon dort signalisiert, daß mir unwohl ist. Daß ich das nicht gerne tue. Das hätte der Hund gespürt. Und der Mann fragt mich, ob das stimme. Und da ich keine Chance erkenne – der Hund krallt sich noch fester in meine Schulter, der Mann ist vor mir, ich stehe in gebückter Haltung, – versuche ich trotzdem zunächst, den Vierbeiner abzustreifen. Aber der Hund krallt sich fester. Und sagt, ich soll offen sein. Und ehrlich. Ich könnte ihm nichts vormachen. Ich sage dann, daß wir doch jetzt unten angekommen seien, und ich möchte ihn jetzt nicht mehr auf meiner Schulter haben, da krallt er sich noch fester und signalisiert seinem Begleiter, er solle Druck ausüben. Und mich in die Mangel nehmen, daß ich beim nächsten Mal gescheit pariere, so wie sie es wollen.

Mir geht es sehr schlecht in diesem Moment. Ich muß spielen, ich muß mich verstellen. Und hab' einfach nur die Hoffnung, daß ich bald erlöst bin. Daß sie mich möglichst schnell loslassen. Daß ich mich aus diesen – von diesen – Klauen lösen kann. Dabei wehre ich mich aber nicht körperlich. Das ist entscheidend. Statt zu versuchen, den Hund zu fassen und ihn hinten zu greifen, oder abzuschütteln, oder irgendwas zu tun, bin ich passiv.

Ich habe auch Angst, daß er mich beißen könnte, wenn ich nach hinten greife, oder beide mich malträtieren. Er mich hinten weiter klammert und kratzt, vielleicht mir so in den Nacken beißt oder irgendetwas tut. Und der große Mann vorne mich mit seinen Fäusten bearbeitet.

Beide reden also auf mich ein. Ich schwitze, bin in Panik. Und der Hund erzählt, es habe vor einigen Tagen schon mal eine Situation gegeben, da habe er gespürt, daß ich das ungerne tue. Und das wolle er doch gar nicht einführen. Plötzlich kam es mir vor, als ob er bestimmte Sachen erfindet, konstruiert. Und diesen Moment, in dem er mich gerade packt und in dem es für die zwei gerade offensichtlich wird, was bei mir ist, ausschöpft und ausnutzt. Selbst mit belanglosen Dingen. Legt also das negative Gewicht auf diesen Moment. Und sein Begleiter fragt mich immer wieder, ob das so stimme. Was der Hund erzählt. Und ich versuche auch dort, erstmal zu beschwichtigen, auszuweichen. Weiß jedoch von meinem Gefühl her, daß es im Grunde genommen stimmt. Es gab häufiger Situationen mit diesem Hund, da wollte ich nicht mitmachen. Weil es mir nicht gut dabei ging, oder ich mich manipuliert fühlte. Aber aus Freundschaft oder Anstand oder weil es vielleicht um Solidarität ging, machte ich mit. Und überzog damit meine eignen Wünsche oder auch – ja, – es fehlte mir an Abgrenzung.

Weil ich mir auch nicht vorstellen konnte, daß es ein anderes Handeln oder eine andere Lebensbasis geben könnte. Oder eine Freundschaftsbasis, einen anderen Umgang mit Menschen.

Diese Treppensituation löste sich nur sehr langsam auf. Der Begleiter redete mir streng ins Gesicht. Schaute mich dabei an. Aus kurzer Distanz. Vielleicht 30 Zentimeter. 10 Zentimeter. Auge in Auge. Und ich wurde immer trauriger. Spürte immer stärker den Schmerz auf der Schulter und konnte mir vorstellen, wie hämisch der Hund grinste, daß jetzt ein großer Mann mich so bearbeitete, seelisch.

Es tat sehr weh. Tat sehr weh.

Der Hund – ich mußte dann ziemlich weit runtergehen – obwohl ich saß, – hab' ich mich nach links oder rechts geneigt, um dem Hund möglichst einen guten "Abgang" zu verschaffen. Sie haben mir beide signalisiert, daß er ganz sanft auf den Boden gesetzt werden wollte. Genau kriege ich es nicht mehr zusammen. Es kann sogar sein, daß ich ihn noch ein paar Meter tragen mußte. Dort noch nicht abgesetzt werden konnte und jetzt als Sühne oder Buße mir auferlegte, daß er noch getragen werden wollte.

Was mir noch mehr zuwider war. Jedenfalls – ging der Hund dann irgendwann doch von meiner Schulter. Ich war sehr still und auch sehr traurig. Aber auch wütend. Zeigte es aber nicht. Sondern machte gute Miene zum bösen Spiel. Und gab den beiden sicherlich auch Macht über mich. Es kommt dann eine neue Sequenz. Wenn ich das richtig behalten habe, ist der Hund mit von der Partie. Und eine Clique, zu der dieser Mann gehört. Er ist der Anführer. Es gibt noch ein paar Jungs. Und wir treffen uns irgendwo auf der Straße oder in einem Haus. Ich weiß es nicht mehr genau. Ich werde mit so einem "Hallo" begrüßt, was – ja, mit einem manipulativen "Hallo". Was mir sofort sagt, daß ich nicht dazugehöre. Was mir auch anzeigt, daß ich mich nicht lösen kann.

Es geht mir ganz anders: Ich will dort gar nicht sein. In dieser Gruppe. Mache aber mit, weil ich vielleicht sonst niemanden habe, oder glaube, bei niemandem aufgehoben zu sein. Ich brauche aber Menschen. Die sind also "erfreut", daß ich dahin komme.

Es gibt irgendein Geplauder; belangloses Zeug. Nach einer Weile ist Aufbruchsstimmung. Der Gangführer schlägt vor, zu mir zu gehen, in meine Wohnung. Und einfach – er will einfach gucken, wie ich lebe. Und ich frage, was das soll, da gäb's nichts zu sehen. Und er sagt, ich solle keine Widerworte geben, sondern jetzt losgehen, mit den ganzen Leuten. Sechs oder sieben Leute.

Sie reden so stark auf mich ein, daß ich keine Ausweichmöglichkeit habe. So ziehen wir los. Kurz nachdem ich die Haustür aufgeschlossen habe, und eigentlich erwarte, daß die ganze Gruppe mir folgt, oder hinter mir bleibt, weil ich den Schlüssel zur Wohnung habe, ist die Gruppe schon längst ganz oben, im Stockwerk, wo ich wohne. Sie ist so schnell oben, so fix kann ich gar nicht schalten. Ich denke nur noch, sie können ja sowieso nicht rein, ich hab' den Schlüssel.

Und während sie oben sind, bin ich am Briefkasten. Mache die Klappe auf und es fallen mir sogleich einige (Privat)Briefe entgegen. Folglich muß ich mich bücken, um sie aufzusammeln. Und in der linken Hand trage ich schon irgendetwas, ich weiß aber nicht, was.

So krieche ich erstmal auf dem Boden rum; sammle mit einer Hand die Briefe ein. Die runtergefallen sind. Gehe dann wieder in die "Gerade" und muß mich auch noch recken, weil es weitere Briefe im Briefkasten gibt.

Ich freue mich darüber, daß es auch Privatbriefe sind; habe aber keine Zeit, weil eine Hand belegt ist, jetzt genau zu schauen, was das ist; wer geschrieben hat, um mir eine Vorfreude zu gönnen. So kann ich diesen Briefpacken nur in die rechte Hand nehmen. Irgendwie schaffe ich es dann, den Briefkasten abzuschließen. Und normalerweise könnte ich jetzt auf dem Weg nach oben, wie ich das sonst auch mache, die Briefe durchblättern. Und schon mal schauen, wer geschrieben hat. Das kann ich aber nicht. Ich halte den Haustürschlüssel und den Wohnungsschlüssel, das Schlüsselbund, in der Hand, in der die Briefe sind.

Und in der anderen Hand trage ich auch noch was. Ich gehe höher und höher, höre gar keine Stimmen vor meiner Tür und befürchte schon etwas, was sich oben bestätigt: Meine Wohnungstür ist offen, die Leute sind drin. Und ich gucke, mein erster Gedanke ist: 'Die haben die Tür aufgebrochen! Aber ohne Werkzeug. Aufgetreten oder so!'

Ich schau' mir das Schloß an. Es ist aber nicht beschädigt. Ich bin sicher, daß die Tür zu war. Ich hatte sie zugezogen und abgesperrt. Trotzdem ist sie auf. Und mir wird schlecht. Daß die Leute die Zeit genutzt haben, sich alles anzuschauen, während ich unten am Briefkasten war. Sowas hasse ich wie die Pest. Daß Leute in meiner Wohnung rumschnüffeln.

Ich komme dann in die Wohnung, und kann mir nur vorstellen, daß jemand einen Dietrich hatte, oder jemand hat Wunderhände, um solche Türen aufzumachen. Mit zwei Schlössern. Ich komme in die Wohnung, lege die Briefe auf mein Bett, was in einem relativ großen Raum steht. Gehe dann ins nächste Zimmer. Das ist das eigentliche Schlafzimmer und da sind alle Schränke auf. Sachen rausgezogen und da ist so richtig Party. Die ganze Clique amüsiert sich über meine Kleidung. Über – was weiß ich, was ich alles da habe – auch Briefe. Und ich bin stinksauer, sage aber nichts, kann auch nichts sagen. Denn der Anführer sagt: "Da bist Du ja endlich! Wo bist Du so lange geblieben? Wir haben uns gelangweilt!"

Und dann schickt er mich quasi aus dem Zimmer. Sieht die Briefe auf meinem Bett, geht direkt darauf zu und sagt: "Woll'n dochmal sehen, was wir für Post gekriegt haben." Und ich platze fast. Da sitzt er mit seinem Hund, der ihn bewacht und sehr neugierig ist, auf dem Bett und blättert meine Post durch. Gibt Kommentare ab. Grinst, lacht. Und er schikaniert mich. Ich versuche dann, ihm die Sachen aus der Hand zu nehmen, und dabei feichst er rum. Womit ich ihm signalisiere, daß er die Briefe gefälligst nicht aufmacht. Wobei ich das schon befürchte. Und er auch sagt: "Mach doch mal auf, und lies vor, was da steht!"

Nach und nach ziehe ich einige Briefe auf meine Seite. Bis zu meinem Stuhl und auf das andere Bett. Ich reiße ihm die Sachen aus der Hand. Dabei grinst er und sagt: "Ist doch nichts dabei! Kannste mir doch zeigen. Und ich kann das doch lesen! Deine Briefe!"

Und dann geht das so hin und her. Bis ich dann Mut fasse und die ganzen Briefe dann genommen habe und auch meinen Schlüssel verkrampft festhalte. Mit einer großen Angst, er könnte mir eine schallern. Oder sonstwas machen. Seine Clique holen, die mich 'bearbeitet'. Und ich weiß nicht mehr genau, wie die Sequenz endet. Es kann sein, daß ich die Flucht ergreife mit meinen Briefen. Daß ich also einfach so durch die Tür laufe und weg bin. Daß ich zumindest das rette. Und die Flucht gelingt mir auch. Ich werde nicht verfolgt.

Kann auch sein, daß ich irgendwie ausflippe und diese Clique aus meiner Wohnung jage und ihnen sage, daß ich mit ihnen nichts mehr zu tun haben will. Rein gar nichts.

Sie sollen dahin gehen, wo der Pfeffer wächst.

Das ist die Traumsequenz.

Nachdem ich dann gegangen bin, oder auch gesagt habe, was mir stinkt, ist es mir besser gegangen. Die Angst ist verschwunden. Das war wichtig.

Es gibt da noch eine andere kurze Sequenz, die ich aber nicht so zusammenbringe. Ich war irgendwo in der Natur. In der Nähe eines Dorfes oder einer Stadt. Eher ein Dorf. Ich war auf einem Hochstand, der aber etwas stabiler und etwas ausgebauter war. Man konnte auf der Plattform ein bißchen gehen. Und ich beobachtete oder sah – diese Stadt oder was das war. Schaute dorthin. Auf Gebäude. Mehr geht nicht. Ich glaube, daß war's. Ich bin froh, jetzt wach zu sein.

Qual

Die Feder huscht übers Papier
Die Blitze entspringen dem Labyrinth
Eine Todesfuge erscheint am Horizont
Nur der Gepeinigte vermag sie zu deuten

Das Ziel ist auf dem Weg.

Von der Innenwelt ausgeschnitten.

Wo sind die ganzen Werbetexter? Vom Arbeiten in Demenz geschickt.

Lebe jeden Tag so, als wär' dein letzter Arbeitstag.

Steuer 20xx: Können Sie auch Ihr Leben absetzen?

Bis auf die Seele blamiert.

Ärmst Du schon, oder bist Du tot?

Barrierefreies Glück.

Organspende: Leber geht weiter.

Stichworte werden an den Kopf gestochen.

Ich hasse Arbeitslose; die machen nur Arbeit.

Zielsicher auf die schlechteste Lösung zugehen.

Konzert

Lange weiße Strudel
Durchstoßen den Stein aus Granit
Sie umschlingen alsbald die Lilien
Und verändern ihr Gesicht

Verhindert

In der Tiefe des Meeres
Verharrt stumm ein Etwas
Es entdeckt die Energie nicht
In der es jemals Bewegung fand

Dasein

Ich aß
Ich labte
Ich freute
Mich
An Dir
Es war dieser Nachmittag

Mallorca

Wind und Regen, die sich ankündigen, brechen die Morgenstimmung. Gerade werden weibliche Angestellte vorm Hotel von ihren Männern abgesetzt. Stimmen in Küche und Aufenthaltsräumen werden lauter. Fenster klappern im Wind – werden von Hand zugeschlagen. Ein leerer Großomnibus fährt soeben vorüber. Sein lauter Dieselmotor ist nicht zu überhören und nicht zu überriechen. Rauchschwaden einer Zigarette umschleichen die Balkonfassade. Irgendwo auf meiner Hotelseite muss ein einsamer Mann oder eine einsame Frau sich dem Genuss des Giftes hingeben. Ein Mann, mit den Händen in den Taschen, in einem Morgenanzug, geht lautlos in Turnschuhen über den nassglänzenden Asphalt. In der fernliegenden, von hieraus einzusehenden Bucht, schlagen Wellen gegen die schroffen Felsen und zersplittern ihren Zusammenhalt. Regen wird vor den dunkelgrünen Baumkronen sichtbar. In der Ferne taktet das Relais eines Generators. Der Wind treibt sein Spiel mit den toten Plastikleuchtreklametafeln, die wie leere Joghurtbecher nutzlos geworden scheinen. Ein beschirmter Mann in Sportweste betritt den Seiteneingang des Gebäudes. Ein Minibus schleicht sich die Kurven entlang und seine Motorgeräusche verschwinden über den grauen Platten des Bürgersteiges. Eine weiße Taube hält sich müde zwischen Astgabeln. Abdeckplanen auf einer Oben-ohne-Bar flattern an ihren Befestigungen. Ein nackter, männlicher Unterarm ragt über die Balkonbrüstung; seine Hand prüft die Regenintensität. Süße Parfümgerüche umschlingen die grünen Stahlgitterstäbe der Balkone. Ein roter Alfa Romeo wird vorm Haus geparkt. Ein junger Mann steigt aus und geht durch den Personaleingang. Die lang nachklingende Zeitglocke der Kirche schallt herüber. 9 Uhr.

Liebe Schöne...

Du hast Dich sehr verführerisch in Positur gesetzt. Nachdem ich mit der Betrachtung Deines Fotos bei Deinem Gesicht begann, wandern meine Augen über Deine Halspartie zur rechten Schulter, dann zur linken und verweilen für einen Moment an Deiner linken Hand, an dem Rot Deiner Nägel. Der Blick erfasst die Partie Deines Busens, der von Deinem Body umschlossen wird, fährt weiter an Deinem rechten Arm herunter bis zur Hand, die verführerisch einladend auf der Innenseite des Futters ruht und den dahinter liegenden, stark erotische Energie ausstrahlenden Bogen des Oberschenkels leicht verdeckt. An dieser Stelle verweilen meine Augen wie mit magischer Kraft dorthin gelenkt. Oh, Du bist sehr verführerisch: dort ist eine größere Stelle nackter Haut, der raffinierte V-Schnitt des Bodys mit eleganter Spitze an dieser Passage verrät den leicht lockenden Duft Deines Schoßes. Dazu die aufreizenden, enganliegenden Nylons, ebenfalls mit Spitze und den dunklen Streifen, die Deine Waden bis zu den in der Farbe mit dem Body abgestimmten Schuhen von meinen Händen zärtlich betastet werden würden. Du erregst mich. Langsam spüre ich, wie das Blut in meinen Lenden in Wallung gerät, die Lust in meinem Penis aufkeimt, ihn pulsieren lässt. So stelle ich mir vor, wie Du mir nach dem Klingeln in Deinem Pelzmantel die Tür öffnest, mich begrüßt und Dich nach einem langsamen vor mir Herschreiten auf Deinem Sofa hinsetzt.

Du würdest Deinen Blick auf mir ruhen lassen, ich täte dasselbe bei Dir, während ich langsam meine Kleider – noch im stehen – vor Deinen Augen ablegte, bis ich völlig nackt wäre. Unser beider Erregung würde die Luft elektrisieren, den Hals trocken werden lassen. Mein Blick, der die verdeckten und unverdeckten Stellen Deines Körpers ertasten würde, erregt meinen Körper, dessen Angespanntheit wiederum Deine Erregung bewirkt. So stelle ich mir vor, dass Deine behaarte Vagina langsam anschwillt und feucht wird, weil Du meinen Körper betrachtest, die Erregung meines Penisses sähest und den Glanz der Eichel, die von der Vorhaut freigegeben wird, in Dir ein brennendes Verlangen auslöste.

Ich trete näher an Dich heran, genieße Deine lüsternen Blicke auf meiner Haut, lasse Dich ein wenig zappeln, ohne dass Du Deine Positur in dieser angestammten Ruhe änderst. Meine rechte Hand berührt langsam dein rechtes Knie, wodurch in mir eine starke Reaktion des Zitterns ausgelöst wird. Die Hand gleitet herab zu Deinen Füßen, umgreift Deine Fußgelenke, fährt langsam wieder hinauf, streift kurz die nackte Stelle Deines Oberschenkels in dem Bewusstsein, dass sie bald Deine vor Erregung flimmernde, leicht violettfarbene Vagina behutsam betasten und spüren kann.

Ich knie mich vor Dich, mit leicht gespreizten Beinen, aufgerichtetem Oberkörper. Umfasse meinen vor Lust zitternden, steifen Penis, dessen Vorhaut nun einen größeren Teil der Glans freigibt. Mit Speichel befeuchte ich zunächst meine linke Hand, die ich dann zur Penisspitze führe, um sie feucht zu machen. So ist der Hautkontakt intensiver zu spüren. Langsam senke ich den pulsierenden Penis auf Deine rechte Hand, kose die Oberseite Deiner Hand, der es schwer fällt, den Penis nicht gleich zu greifen und ihn zu reiben. Auch mir fällt es nicht leicht, mich weiter darauf zu konzentrieren, denn viel lieber würde ich Deinen im Schritt geknöpften Body öffnen, um das vor Erregung geschwollene, feuchte Fleisch Deiner Liebesgrotte zu sehen, es in mich aufzunehmen, anzufassen, zu kosen, küssen...

Deine linke Hand lässt den Mantel los, greift behutsam nach meinem Nacken, streichelt mein rechtes Ohr, die Kopfpartie, durchwuselt mein Haar, greift fest und zugleich zärtlich hinein. Dein Kopf nähert sich meinem, Deine Lippen suchen meine Lippen, ein ekstatischer Zungenkuss durchbricht unser beider Angespanntheit. Ich greife nach Deinem Busen, reibe meine Handflächen über Deinen Body, spüre die immer stärker werdende Erektion Deiner Brustwarzen. Mein Verlangen möchte sie freilegen, die nackte Haut Deines Busens unmittelbar fühlen.

Du reibst langsam Deine immer noch in dieser Position befindliche rechte Wade an Deiner linken Wade. Nichts ist sonst zu hören als das knisternd, erotisierende Geräusch dieser schwarzen Strümpfe, das mich noch stärker elektrisiert und daran denken lässt, zwischen Deinen weitgespreizten Schenkeln zu liegen und mit meinem Penis ganz tief in Dir zu sein, dabei diese schwarzumhüllten Beine an meinem Beckenrand, meinem sensiblen Po und meinen Schenkeln zu spüren.

Du drehst Deine rechte Hand herum. Ich sehe kurz ihre Innenfläche, dann umschließt Du meinen angespannten Penis, hältst ihn einfach nur fest. Völlig umschlossen. Es erregt Dich. Du möchtest ihn hin- und herreiben. Aber Deine Hand bleibt liegen. Behutsam beginne ich damit, mein Becken vor und zurück zu bewegen. Ganz langsam. Ich feuchte Deine Handfläche mit Speichel an. Es flutscht und schmatzt darin. Deine linke Hand gleitet über meine rechte Schulter langsam bis zu den Lenden herab. Du umkreist mit ihr sehr gefühlvoll meine Beckenseite, kommst manchmal, fast unabsichtlich bis zur Poritze und vorne vom Bauchnabel bis zum Ansatz meiner Schamhaare, die Du mit Deinen roten Nägeln hin und wieder zu kraulen beginnst.

Deine Schenkel stehen nun dicht nebeneinander, Du möchtest sie weit öffnen, das spüre ich. Du bist ungeheuer erregt. Dein Becken verlangt nach mir. Es brennt geradezu. Du reibst die Schenkel auf und ab, gegeneinander. Nimmst meine rechte Hand und führst sie ganz langsam über die Oberseite Deines rechten Oberschenkels bis zum Beckenansatz. Jetzt spreizt Du vorsichtig Deine Beine, führst meine Hand weiter an die Innenseite Deiner Oberschenkel. Ich schaue Dir zu. Schaue Dir zwischen die Beine. Bin erregt. Spüre meinen Penis noch stärker, der noch immer in Deiner rechten Hand liegt, die Du nun fester umschließt. Der Druck lässt mich bald vor Erregung zum Orgasmus kommen. Ich halte es kaum noch aus. Schaue abwechselnd auf Deinen Mund, Deinen Busen, Deinen Schoß, der noch immer von dem mit schwarzer Spitze besetzten Body verdeckt wird.

Du lenkst meine Hand zu Deiner feuchten Vagina, deren Schwellung am Body sichtbar ist und der an der Seite einige Schamhaare frei gibt, die mich einen Jauchzer ausstoßen lassen. Unsere Körper pumpen die Zimmerluft vor zitternder Erregung in sich hinein.

Du lässt meinen Penis vorsichtig los, spreizt Deine Beine noch mehr und fährst Dir nun mit beiden Handinnenflächen an der Innenseite Deiner Schenkel entlang. Auf und ab. Ich umfasse mit meiner linken Hand mein Scrotum, mit der rechten den Penis und streichle beides sehr sanft, während ich Dir beim Liebkosen zusehe. Du knöpfst nun Deinen Body im Schritt auf, beobachtest währenddem meinen lüsternen Blick, der zunächst auf Deinen Händen ruht und dann mit Begierde Deine stark angeschwollene Klitoris aufsaugt. Dieser Anblick erregt mich umso mehr, da Deine Vagina sich nun verlangend öffnet. Du hältst es kaum noch aus. Lässt Dich langsam zur rechten Seite gleiten, dabei verharrt eine Hand zwischen Deinen Beinen, reibt Deine Vagina. Du liegst nun auf dem Sofa, spreizt erneut Deine Beine, schaust meinen gierigen Blicken nach. Behutsam liebkost Du Deine Schamlippen, mal die rechte, die linke. Deine rot lackierten Nägel gleiten über den Kitzler. Ich beobachte Dich, nehme Deine Lust in mir auf, gebe sie Dir mehrfach zurück.

Mein Kopf wandert zwischen Deine Knie. Ich küsse Deine Haut durch die schwarzen Nylonstrümpfe. Meine Zunge fährt allmählich hoch, bis zum

Ansatz der Beine. Ich sehe jetzt Deine Vagina genau vor mir. Küsse sie. Deine Hände gleiten nach oben zum Busen, halten ihn fest, kneten ihn vorsichtig. Ich lecke die weichen Schamlippen, gleite mit der Zunge leicht in Deine Grotte hinein. Es macht Dir Lust, Du genießt. Meine Geilheit schießt in die Lenden, das Herz rast, ich möchte zerspringen. Vorsichtig dränge ich mein Becken zwischen Deine Beine. Liebkose mit meiner Penisspitze Deine Vagina, die mir immer dicker vorkommt und immer größeres Verlangen signalisiert. Dein Becken bewegt sich langsam im Rhythmus meiner Liebkosungen. Du schließt die Augen, lässt mich kosen. Hin und wieder wandert eine Deiner Hände herab zum Becken, umkreist den Bauchnabel, verirrt sich in den Schamhaaren, berührt gefühlvoll die dicke glänzende Spitze meines Penisses, der Vorhaut. Betastet behutsam erregend den Kitzler.

Wir halten es nicht mehr aus. Ich dringe in Dich ein. Spüre die geschwollenen Wände Deiner Scheide, die mich erst nicht hineinlassen und später nicht mehr loslassen wollen. Der pulsierende Druck Deines Blutes an den Innenwänden erzeugt in meinem Penis ein starkes Gefühl der Erregung: er wird noch dicker, der Hodensack spannt sich stärker an.

Du umfasst meine Lenden, ich fühle das warme Tasten Deiner Hände. Wir stöhnen, es wird heftiger. Ich umfasse Deinen Po, ein Zucken erreicht meinen Penis. Wie schön es ist, in Dir zu sein. Diese Wärme, ja diese Hitze des Verlangens zu spüren. Du lässt mich nicht los. Deine Beine umschließen mein Becken. Ich stoße immer heftiger hinein, will nicht damit aufhören, kralle mich in Deinem Po fest, stöhne Dir ins Ohr. Du liebkost mein Ohrläppchen, es erregt mich noch stärker, ich möchte explodieren, sogleich aber auch dieses Gefühl der Angespanntheit ewig aushalten. Wir lassen uns wenig Zeit dazu, so erregt sind unsere Körper. So spüre ich die aufkeimende Lust in mir, die Hoden sind gespannt, mein Penis pulst, stärker, ich fühle den herannahenden Orgasmus, den ich nicht halten will. Unser beider Stöhnen umhüllt unsere Lust. Noch fühle ich die Schwellung Deiner Höhle, Deine immer stärker nach Verlangen schreienden Bewegungen Deines Beckens. Mehrere kleine Zuckungen durchbeben meinen Penis, er schwillt an, Lust, Schreie, Begierde, Fleisch, Vagina, Feuchtigkeit, er zuckt heftiger, dehnt sich kurz, eine starke Lust durchfährt meine Lenden. Ich spritze mit einer heftigen Vorwärtsbewegung meinen heißen Samen in Dich, danach noch zwei, drei Wallungen, die orgiastisch meinen Phallus durchströmen. Du nimmst mich langsam in Dich auf, fährst mit Deinen Beinen an meinem Po auf und ab. Streichelst mein Haar. Flüsterst liebzärtliches in mein Ohr.

Die Spannung weicht langsam. Mein Penis wird weicher, wir bleiben so liegen, kosten diesen Moment der Ewigkeit. Eine Deiner Hände wandert an Deiner Poseite vorbei zu meinen Hoden, die jetzt weich und sanft auf Deinem Damm ruhen. Deine Fingerkuppen betasten vorsichtig die behaarten Rundungen der sensiblen Testikel. Deine Hand umgreift hin und wieder den Hodensack. Er beginnt sich langsam zu spannen. Ein Erregungsschauer durchfährt meinen Penis. Ich spüre die Hitze Deiner Höhle, die Feuchtigkeit Deines Verlangens, Liebesduft erreicht unsere Sinne. Mein Glied beginnt sich zu strecken. Du spürst es und wiegst Dein Becken gefühlvoll nach rechts und links. Nimmst mein Gewicht auf, antwortest auf meine steigende Erektion. Dein Atem wird schwerer, tiefer. Er haucht in meine Ohren. Wärme durchströmt mein Rückgrat, sammelt sich in den Lenden, durchfährt meine Lungen, macht meine Augen glänzend. Deine Hand verweilt still an meinen Hoden, nimmt ihr leichtes Zittern war. Deine Lust breitet sich überall aus, wird vehementer. Dein Becken ist umgeben von strömender Wollust, Deine Vagina bettet in hitzig-nasser Glut meinen Penis. Immer mehr spüre ich Deine Hingabe, Deinen Rausch, dem Du Dich völlig hingibst. Deine rhythmischen Bewegungen werden heftiger. Deine Hände umschließen mein Becken, drücken es stärker gegen Dich. Meine Schamhaare reiben an Deinem dicken Kitzler. Ich folge Deinem Rhythmus mit kreisenden Auf- und Abwärtsbewegungen. Du genießt, schließt die Augen, atmest tief und lustvoll. Dein Stoßen wird heftiger, fordernder. Es erregt mich, und ich antworte Dir. Schneller werden unsere Liebesbewegungen. Deine Brustwarzen sind ganz hart, meine Lippen liebkosen sie, das Spiel meiner Zähne mit ihnen verschafft Dir eine leicht schmerzende, aber geile Lust. Deine Unbändigkeit hat meinen Penis stark gemacht, du spürst die erneute Erektion, siehst die feuchtschim-mernde, dicke Eichel vor Dir. Dein Liebessaft läuft an Deinem Po herunter, er berührt meine Finger, die dort verweilen. Du hältst ein wenig inne, kostest diesen Moment der Geilheit. Dann werden Deine Bewegungen plötzlich heftiger, Dein Becken bäumt sich auf, heiße Wallungen durchfahren es, konzentrieren sich in Deiner Vagina, Dein Nacken beginnt zu kribbeln, Du möchtest zerspringen, Dein Atmen wird heftiger, schneller, ungestümer. In Zügellosigkeit windet sich dein Körper, Du bist fordernd, drückst mich fest an Dich. Wir stoßen unsere Becken in unkontrollierter Leidenschaft gegeneinander. In noch schnellerem Takt bewegt sich Dein

Schoß. Du krallst Deine Hände in meinen Rücken, stößt fest und beherrschend nach vorn. Deine Beine umklammern mein Becken, lassen es nicht los. Du nimmst mich auf. Deinem Mund entfährt ein tiefer Lustschrei. Deine Vulva bebt, wird durchfahren von wildem Liebesrausch. Meine Bewegungen werden langsamer, machen Dich noch wilder. Deine Vagina ist heiß durchströmt von wollüstiger Hitze. Die Liebessäfte betören unseren Geist. Du bäumst Dich auf, es kommt Dir mit heftigen Aufwallungen. Wir beschleunigen unsere Körper. Erneut durchfährt Dich ein wollüstiges Gefühl. In ekstatischem Sinnestaumel durchfühlst Du meinen Körper. Mehrere Wallungen jagen unbändig hin und her. In fordernder Erschöpfung ruhen unsere Körper voller Verlangen.

Print-/E-Books/Hörbuch/Filme von Christian Bedor

Kreatives Marketing für Künstler
Ein Leitfaden für alle Menschen, die schöpferisch tätig sind

Print-Book:
http://www.amazon.de/Kreatives-Marketing-K%C3%BCnstler-Christian-Bedor/dp/3833499362/ref=sr_1_1?ie=UTF8&qid=1333697820&sr=8-1

E-Book:
http://www.amazon.de/Kreatives-Marketing-f%C3%BCr-K%C3%BCnstler-ebook/dp/B00505VVK/ref=sr_1_2?ie=UTF8&qid=1333697820&sr=8-2

Rezension [aus: Kunst & Material; boesner GmbH, Witten]
"[...] Kreatives Marketing für Künstler soll schöpferischen Menschen helfen, sich jeden Tag eine Zeitlang auf ihren Lebens- und Arbeitsprozess zu besinnen, eine Verbindung zu ihrem Höheren Selbst herzustellen, um Vertrauen und Stärke zu entwickeln." Dafür schlägt der Autor die Form von Tagebucheinträgen vor und demonstriert anhand der 366 Tagestexte, wie die tägliche Auseinandersetzung mit dem eigenen künstlerischen Tun zu Selbstorganisation und Klarheit führen kann. Knapp formulierte "Gedanken für Heute" sollen dazu führen, Ziele und Vorhaben nicht aus den Augen zu verlieren. [...]"

Bewegungsversuche
Erzählungen von Christian Bedor und Michael Liebusch

Print-Book:

http://www.amazon.de/Bewegungsversuche-Erz%C3%A4hlungen-Christian-Bedor/dp/3837042723/ref=sr_1_3?ie=UTF8&qid=1333697820&sr=8-3

56

E-Book:

Rezension [Amazon]
"Anton Markus Wiedener, Karsten Sippelhagen, Bernd Stopfnuss - diese und andere Namen verweisen bereits auf das Programm, das diesen 20 Kurzerzählungen von Christian Bedor und Michael Liebusch zugrundeliegt: Alltag und Absurdität oder die Absurditäten und Zumutungen des Alltags, denen sich ihre Protagonisten zumeist vergeblich zu entziehen suchen. "Der weitsichtige Schwimmer" (Michael Liebusch) etwa, der sich überlegt, ob er an den Strand in sein altes Leben zurückkehren soll: Selbst ein Hai lehnt "das aufdringliche Mahl dankend" ab. Entziehen möchte sich auch mancher U-Bahn-Passagier den Dialogen von zwei aufdringlichen Zeitgenossen, die Christian Bedor in seinem "Wort- und Satzspiel" zwischen den Frankfurter U-Bahn-Stationen Alte Oper und Hessen-Center stattfinden lässt. Lesenswerte Impressionen vom alltäglichen Wahnsinn!" Dr. Raimund Gerz

Beichtgang
Fiktive Autobiografie eines katholischen Hauptlehrersohns
Umfang: 152 Seiten | Hörbuch-CD (mp3): 5:26 Std.; vom Autor selbst gelesen

Print-Book:

Rezension [Amazon, Auszug]
*"[...] Für mich ist »Beichtgang« eine Mahnung.
Sollten wir so mit Kindern umgehen - in der Schule, in religiösen Gemeinschaften? Was ist mit unseren »inneren Kindern«? Gehen wir nicht auch so mit uns selbst um? Erbarmungslos, lieblos, fordernd, entwürdigend, strafend, einengend ...*

Wann fangen wir an Neugier, Lebendigkeit, Liebe, Hingabe schätzen zu lernen - auch und im Besonderen im alltäglichen Kleinen und Kleinsten? Wann fangen wir an, uns zu trauen, Fragen zu stellen? Wann befreien wir uns aus unserem Gedankennetz? Die Zeit dazu ist reif." Katja Kraemer, Leserin.

Hörbuch-CD.
Bestellmöglichkeit: http://www.muell-zeit-lose.de/dein-fan-shop.html

Das Diapendel – Roman eBook Kindle Edition

http://www.amazon.de/dp/B005LBN0AK

Rezensions-Auszug von charlotte k.:

... In mir werden eigene Dias lebendig ...

Von Konrad Adenauer über Kurt-Georg Kiesinger, Willy Brandt, Helmut Schmidt, Helmut Kohl, Gerhard Schröder bis hin zu Angela Merkel (1960 bis 2011): Das ist die Historie, in die Christian Bedor seinen Roman "Das Diapendel" einbettet. Frankfurt am Main - Winterberg-Niedersfeld im Hochsauerland: Das ist die örtliche Hauptachse, 'auf' der die Dias der erzählenden Hauptfigur Thomas Lehr pendeln. Man begegnet der Deutschen Mark und dem Euro. Man begegnet neben detailgetreuen Ortsschilderungen Wohnungsbeschreibungen, Autos, Waschmaschinen und Rasierapparaten aus dieser Zeit. Man begegnet dem großstädtischen Leben ebenso wie dem Dorfleben. Ich sah diese Dias, blickte dabei in das familiäre und verwandtschaftliche Umfeld Thomas Lehrs, konnte nachempfinden, wie in einem sechsköpfigen katholischen Lehrerhaushalt mit Familiengeheimnissen umgegangen wurde, entdeckte in den Zeilen, wie Thomas Lehr sich als Kind und Jugendlicher freischwimmen musste und konnte ihm beim Tagebuchschreiben als Erwachsener über die Schultern schauen. Dabei entdeckt der Erzähler mehr und mehr seinen emotionalen Vater, den er über Jahre nicht spüren konnte.
Christian Bedors Roman besticht durch eine klare Sprache. Er verschnörkelt und beschönigt nichts. Wortwolken sind ihm fremd. Die Verschachtelungen von erzählerischem Haupttext und Tagebucheinträgen geben dem Buch eine eigene Dynamik, die dazu führt, dass man unbedingt wissen möchte, wie es weitergeht. [...]

Film Personalberatung Team Verreckt [PTV] – Arbeitskabarett
(Referenz-Beispiel)

Dr. Diethelm C. Schüsse, Personalberater

Manager-Fuß-Nagel-Pilz; DVD; Länge 15 Min.
Bestell-Seite http://www.smallpress.de

Rezension aus Rattus Libri Nr. 29 [Irene Salzmann, Hrsg.] zu "Manager-Fuß-Nagel-Pilz", PTV-Folge 26:
"[...] Christian Bedor schwimmt bewusst provokativ gegen den Mainstream an. Dementsprechend sind seine Requisiten und Themen gewählt, und er überlässt bei Drehbuch, Kameraführung und Dramaturgie nichts dem Zufall. So ist auch die immer wiederkehrende Mülltonne Programm und wichtiger Wiedererkennungswert. [...]"

Christian Bedor ist Buch-Autor, Postkarten-Künstler, Müllzeit-Los-Croupier und Arbeitskabarettist. Bereits während der Regelschulzeit schrieb Christian Bedor frankierte Briefe an Mitschülerinnen und Mitschüler. Es folgten Gedichte, Kurzgeschichten, satirische Fragmente für die Kabarett-Bühne sowie Foto- und Text-Beteiligungen für die Mail-Art-Projekte UNI/VERS(;) (Hrsg.: Guillermo Deisler † Halle/Saale) und DIE SPINNE (Hrsg.: BUCHLABOR Dirk Fröhlich; Dresden).
Ende der 80er Jahre des vorigen Jahrhunderts entstanden Foto- und Text-Motive für s/w-Postkarten. Später folgten Farbpostkarten zu den Bereichen Witz, Satire und Ästhetik, die seit 1996 ununterbrochen im Handel sind http://www.smallpress.de Parallel dazu entwickelte Bedor die Entertainment-Tombola "Müll-Zeit-Lose". Unzählige Menschen zogen in den vergangenen Jahren an seiner roten Bauchladenmülltonne Lose und gewannen seine Kunstprodukte (s.u.). Zudem schreibt Bedor Kurzgeschichten (unter anderem zu hören: Frankfurter Literatur-Telefon, Februar 2006). Auf diversen Video-Portalen im Internet lassen sich ferner seine satirischen Klipse *Personalberatung Team Verreckt [PTV] – Arbeitskabarett* finden. Darüber hinaus strahlt das Medienprojektzentrum Offener Kanal in Offenbach/Main [MOK] seit April 2004 bis heuer jeden Monat eine neue Folge dieser PTV-Serie aus. S. a.: http://www.mediathek-hessen.de ALEX-TV, Berlin, sendet seit November 2010. http://www.alex-berlin.de

Sie erreichen Christian Bedor unter
http://www.muell-zeit-lose.de

Twitter **Christian_Bedor**